U0650339

铁路供电远动系统的运行与维护

主编　许惠敏

编著　许惠敏　宋荣书
　　　王令璇　赵春敏

主审　王硕禾　张保春

中国铁道出版社
CHINA RAILWAY PUBLISHING HOUSE

内 容 简 介

本书系统介绍了铁路供电远动系统的功能、结构及设备的工作原理。其内容主要包括远动技术的基本知识、铁路供电远动系统的整体构成、通信等相关知识以及主、被控站设备的运行维护实例和常见故障处理。

本书紧密结合实际、图文并茂，适用于从事远动系统设备维护的工程技术人员和调度运行人员，也可作为大中专学生和相关专业员工的培训教材。

图书在版编目（CIP）数据

铁路供电远动系统的运行与维护 / 许惠敏主编 . —
北京：中国铁道出版社，2010.12（2018.6重印）
ISBN 978-7-113-11479-4

Ⅰ.①铁… Ⅱ.①许… Ⅲ.①电气化铁道－供电－远动技术－运行②电气化铁道－供电－远动技术－维修
Ⅳ.①U223

中国版本图书馆 CIP 数据核字（2010）第 196123 号

书　　名：**铁路供电远动系统的运行与维护**	
作　　者：许惠敏　主编	
策划编辑：李小军	
责任编辑：李小军	**读者热线电话**：(010) 63550836
编辑助理：卢　昕	
封面设计：窦若仪	**责任印制**：郭向伟

出版发行：中国铁道出版社（北京市西城区右安门西街 8 号　邮政编码：100054）
印　　刷：三河市兴达印务有限公司
版　　次：2010 年 12 月第 1 版　　　2018 年 6 月第 3 次印刷
开　　本：880mm×1230mm　1/32　印张：6.375　插页：2　字数：175 千
印　　数：3001~4000 册
书　　号：ISBN 978-7-113-11479-4
定　　价：26.00 元

前　言

　　铁路供电远动监控系统是铁路供电系统的重要组成部分，其技术水平、可靠性及其运行维护对铁路供电的运行质量有着重要的影响。特别是变配电所亭无人值班、无人值守模式的推广和站间线路远动开关的增设，使得铁路供电远动系统的重要性尤为突出。

　　目前对于远动系统进行系统介绍的书籍并不多见，铁路供电领域里普遍存在只知其名不知其实的现象，本书就是为解决此现象而编写的。本书吸取了相关书籍的优点，内容上力求做到理论联系实际，通俗易懂，实用性强。本书共分 5 个章节，第 1 章主要介绍远动技术的基础知识，第 2 章介绍了远动系统的三大要素（主控站、通道、被控端）的构成和原理，第 3 章以实例来介绍主控站设备的运行和维护，第 4 章通过实例介绍被控端设备的运行和维护，第 5 章介绍抗干扰措施和设备常见故障处理。

　　本书由北京铁路局石家庄供电段高级工程师许惠敏主编。第 1 章由北京铁路局石家庄供电段高级工程师宋荣书编写，第 2 章的第 2.1～2.3 节由许惠敏编写，第 2 章的第 2.4 节由北京铁路局工程师王令璇编写，第 3 章由许惠敏编写，第 4 章由王令璇编写，第 5 章的第 5.1 节由北京铁路局石家庄供电段高级工程师赵春敏编写，第 5 章的第 5.2 节由许惠敏、王令璇共同编写。本书由石家庄铁道大学教授王硕禾、北京铁路局石家庄供电段高级工程师张保春主审。

　　本书在编写过程中得到了南京电力自动化设备总厂系统集成公司、北京爱博精电科技有限公司、北京太格时代自动化系统设备有限公司专家的大力支持和帮助，在此致以衷心的感谢！在本书的编写过程中，参考了参考文献所列论著和论文，在此谨向以上作者表示衷心的感谢！

　　由于编者水平有限，在编写过程中难免存在疏漏与不足，敬请专家和读者批评指正。

编　者

2010 年 3 月

目　　录

第1章　远动技术基础知识 ……………………………………… 1

　1.1　计算机的基本结构 …………………………………… 2

　　1.1.1　计算机硬件系统 ………………………………… 3

　　1.1.2　计算机软件系统 ………………………………… 8

　1.2　计算机中的数制转换与运算 ………………………… 9

　　1.2.1　计算机中的数制 ………………………………… 9

　　1.2.2　数制之间的转换 ………………………………… 11

　　1.2.3　二进制数的运算 ………………………………… 12

　1.3　模拟量的输入/输出原理 …………………………… 14

　　1.3.1　模拟量输入电路 ………………………………… 14

　　1.3.2　模拟量输出电路 ………………………………… 18

　1.4　开关量的输入/输出原理 …………………………… 20

　　1.4.1　滤波消噪电路与信号调节电路 ………………… 21

　　1.4.2　光电隔离 ………………………………………… 21

　　1.4.3　继电器隔离 ……………………………………… 22

　　1.4.4　驱动控制与端口地址译码 ……………………… 23

　　1.4.5　简单的开关量输入/输出电路 ………………… 24

　　1.4.6　脉冲量输入电路 ………………………………… 26

第2章　铁路供电远动系统的结构与原理 …………………… 29

　2.1　系统的构成及功能 …………………………………… 29

　　2.1.1　远动系统的基本结构 …………………………… 29

　　2.1.2　远动系统的功能 ………………………………… 30

　　2.1.4　远动系统的性能指标 …………………………… 32

　2.2　调度主站 ……………………………………………… 34

　　2.2.1　主服务器 ………………………………………… 35

2.2.2 操作工作站 …………………………………………… 37

2.2.3 系统维护工作站 ……………………………………… 38

2.2.4 通信前置处理机 ……………………………………… 38

2.2.5 调度端其他设备 ……………………………………… 39

2.3 远动系统的通道 ………………………………………… 40

2.3.1 被控站通信网络结构及原理 ………………………… 40

2.3.2 通信信道 ……………………………………………… 49

2.3.3 通信线路 ……………………………………………… 55

2.4 远动智能监控装置 ……………………………………… 57

2.4.1 信号电源及高压开关智能监控装置 ………………… 57

2.4.2 变配电所智能监控装置 ……………………………… 75

第3章 调度主站的运行与维护 ……………………………… 82

3.1 DSC9000 调度主站 ……………………………………… 82

3.1.1 调度运行管理器窗格 ………………………………… 83

3.1.2 时钟显示窗格 ………………………………………… 93

3.1.3 图标窗格 ……………………………………………… 94

3.1.4 当前报警显示窗格 …………………………………… 95

3.1.5 画面显示窗口 ………………………………………… 108

3.1.6 报警历史显示 ………………………………………… 126

3.2 TG2004 电力远动系统 ………………………………… 133

3.2.1 调度软件主界面 ……………………………………… 134

3.2.2 用户注册功能 ………………………………………… 135

3.2.3 监控画面 ……………………………………………… 139

3.2.4 监控画面操作功能 …………………………………… 143

3.2.5 画面操作功能 ………………………………………… 143

3.2.6 子站操作功能 ………………………………………… 147

3.2.7 记录查询功能 ………………………………………… 153

3.2.8 警音功能 ……………………………………………… 155

3.3 调度端设备维护 …………………………………………… 156

3.3.1 日常维护 …………………………………………… 156

3.3.2 电源系统的维护 …………………………………… 157

3.3.3 系统数据库维护 …………………………………… 158

第 4 章 远动智能监控装置的运行与维护 ……………………… 159

4.1 信号电源及高压开关智能监控装置 ……………………… 159

4.1.1 系统数据库维护 …………………………………… 159

4.1.2 定值的整定 ………………………………………… 159

4.1.3 日常巡视 …………………………………………… 161

4.1.4 保养及维护 ………………………………………… 163

4.1.5 故障处理 …………………………………………… 169

4.2 变配电所智能监控装置 …………………………………… 170

4.2.1 运行方式 …………………………………………… 170

4.2.2 定值的整定 ………………………………………… 171

4.2.3 日常巡视 …………………………………………… 171

4.2.4 保养及维护 ………………………………………… 171

4.2.5 故障处理 …………………………………………… 172

第 5 章 远动系统的抗干扰措施及常见故障分析与处理 ……… 173

5.1 远动系统的可靠性及抗干扰措施 ………………………… 173

5.1.1 电磁干扰产生的原因及特点 ……………………… 173

5.1.2 抗干扰的措施 ……………………………………… 178

5.2 常见故障的分析与处理 …………………………………… 187

5.2.1 主控站 ……………………………………………… 187

5.2.2 被控站 ……………………………………………… 188

附录 A 远动系统常用术语解释

附录 B 彩色图示

参考文献

第1章　远动技术基础知识

远动技术在 20 世纪 30 年代首先用于铁路运输系统,40 年代用于电力系统。我国在 50 年代末才在电力系统中采用,而电气化铁道远动系统在 60 年代开始研制,80 年代才得到了广泛应用。尽管远动技术在我国的应用时间不长,但发展十分迅猛,发展过程中大体经历了三个阶段:

第一阶段:有触点式阶段。

这是以继电器为主要元件、配以步进选线器、电子管等元件组成的远动装置。这类远动装置有大量接点,维护工作量大,可靠性较差,寿命短,属早期远动产品。我国电力系统在 20 世纪 50 年代有广泛应用,现已全部淘汰。铁路系统没有经历这一阶段。

第二阶段:布线逻辑式阶段。

这一阶段也经历了晶体管、集成电路的过程。布线逻辑式远动装置是无接点式装置,按预定的要求进行设计,使构成装置的各部分逻辑电路按固定的时间顺序工作,以完成预定的功能。这些装置属于硬件式装置,不能随意进行功能的扩展。在 20 世纪 70 年代,我国各大电力系统都使用过这类装置,在电气化铁路上也有过应用。

第三阶段:软件化阶段。

计算机的出现给科学技术和工业生产带来一场深刻的革命。当计算机技术发展到一定程度,十分自然地要应用到控制系统上。我国在 20 世纪 70 年代后期开始发展微机化远动装置,在牵引供电系统上研制、试用微机化远动装置是在 80 年代初期。目前,广泛使用的远动系统均为微机远动系统。

远动系统(Telecontrol System,又称 Remote-Control System)在基本设想方面,在应用场合和完成其特定的任务方面都有繁多的种类,有各自不同的特征,有的可能是一个很简单的单一对象控制,有的可能是一个很大的综合系统。不管怎样,远动系统具有远距离的在人(或者机器)和机器之间交换信息的机能。

1.1　计算机的基本结构

一个完整的计算机系统,应当包括两大部分,即硬件系统和软件系统。所谓**硬件系统**,也称"硬设备",是指构成计算机的物理设备,即由机械、电子器件构成的具有输入、存储、计算、控制和输出功能的实体部件,如打印机、显示器等。所谓**软件系统**就是程序系统,也称"软设备",是指控制计算机运行的程序、命令、指令、数据等。平时提到的"计算机"一词,是指含有硬件系统和软件系统的计算机系统。计算机系统的组成如图 1-1-1 所示。

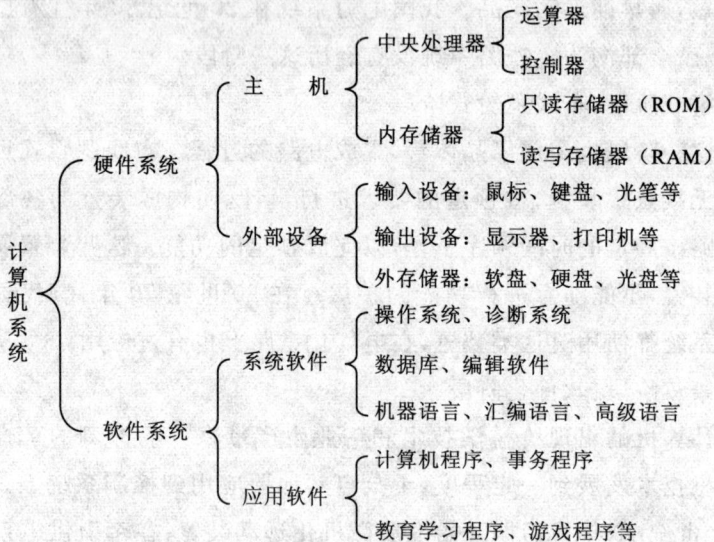

图 1-1-1　计算机系统的组成

1.1.1　计算机硬件系统

计算机的存储器、运算器、控制器、输入设备和输出设备是组成计算机的五个主要功能部件,也称为计算机的**五大硬件**。它们之间的关系如图 1-1-2 所示。

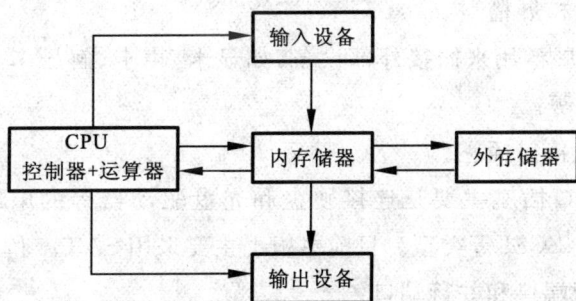

图 1-1-2　计算机的硬件组成

计算机工作时,首先由控制器控制输入设备将原始数据及程序输入到内存储器中,再由控制器将内存储器中的数据送到运算器进行运算,所得的结果均存入内存储器,最后由控制器将内存储器中的结果通过输出设备输出。控制器根据程序要求控制所有部件的工作。

一台典型微型计算机(简称**微机**)系统的硬件部分,宏观上可分为主机箱、显示器、键盘、鼠标、打印机等几个部分。主机箱内部装有电源、系统主板、软盘驱动器、硬盘等。系统主板上插有 CPU、内存和各种适配器。

1.1.1.1　系统主板

系统主板是一块电路板,负责控制和驱动整个微型计算机,是微处理器与其他部件连接的桥梁,是微型计算机的核心部件。系统主板又称**主板**或**母板**,主要包括 CPU 插座、内存插槽、总线扩展槽、外设接口插座、串行端口和并行端口等部分。

1.CPU 插座

CPU 插座用来连接和固定 CPU。CPU 一般通过管脚或触点与主板连接,主板上设计了相应的插座。Pentium Ⅱ 等 CPU 通过插卡与主板连接,因此在主板上设计了相应的插槽。

2. 内存插槽

内存插槽用来连接和固定内存条。内存插槽通常有多个,可以根据需要插不同数目的内存条。

3. 总线扩展槽

总线扩展槽用来插接外部设备,如显卡、声卡、解压卡、调制解调器(Modem)等。

4. 外设接口插座

外设接口插座主要是连接硬盘和光盘驱动器等的电缆插座,有IDE、SATA、SCSI 等类型。目前主板上主要采用 SATA 和 IDE 接口。

5. 串行端口和并行端口

串行端口用来与串行设备(如调制解调器、扫描仪等)通信,并行端口用来与并行设备(打印机等)通信。

1.1.1.2　CPU

CPU(Central Processing Unit,中央处理器)是计算机的心脏。计算机的处理功能由 CPU 来完成,CPU 的性能直接决定了计算机的性能。

衡量 CPU 的性能有以下几个主要指标:

1. 主频

主频是指 CPU 时钟的频率,单位是 MHz。主频越高,CPU 单位时间内能完成的操作越多。

2. 内部数据总线

内部数据总线是 CPU 内部数据传输的通道。内部数据总线一次可传输二进制数据的位数越大,CPU 传输和处理数据的能力越强。

3. 外部数据总线

外部数据总线是 CPU 与外部数据传输的通道。外部数据总线一次可传输二进制数据的位数越大,CPU 与外部交换数据的能力越强。

4. 地址总线

地址总线是 CPU 访问内存时的数据传输通道。地址总线一次可传输二进制数据的位数越大，CPU 的物理地址空间越大。通常地址总线是 n 位，CPU 的物理地址空间就是 2^n 字节。

1.1.1.3 内存

内存用来存储运行的程序和数据，CPU 可直接访问。计算机的内存制作成条状（俗称**内存条**），插在主板的内存插槽中。

内存有以下两个主要指标：

1. 存储容量

存储容量反映了内存存储空间的大小。常见的内存容量有多种规格。一台计算机可根据需要同时使用多条内存。

2. 存取速度

存取速度指从存储单元中存取数据所用的时间，以 ns（纳秒）为单位。纳秒数越小，存取速度越快。

1.1.1.4 显示器与显卡

显示器与主机之间的通信主要是通过插在主机板上的显示适配卡（简称显卡），构成显示系统。

1. 显示器

显示器用来显示字符或图形信息，是计算机必不可少的输出设备。

显示器有以下几个主要指标：

① 尺寸：显示器的尺寸即显示器的大小。尺寸越大，支持的分辨率往往也越高，显示效果也越好。

② 分辨率：显示器的分辨率是指显示器的一屏能显示的像素数目。分辨率越高，显示的图像越细腻。

③ 点距：显示器的点距是指显示器上两个像素之间的距离。点距越小，显示器的分辨率越高。在图形、图像处理等应用中，一般要求点距较小的显示器。

④ 扫描方式：显示器的扫描方式分为逐行扫描和隔行扫描两种。逐行扫描是指在显示一屏内容时，逐行扫描屏幕上的每一个像素。逐行扫描的显示器，显示的图像稳定、清晰度高、效果好。

⑤ 刷新频率:显示器的刷新频率是指 1s 刷新屏幕的次数。刷新频率越高,刷新一次所用的时间越短,显示的图像越稳定。

2. 显卡

显卡是主机与显示器之间的接口。显卡直接插在系统主板的总线扩展槽上,它的主要功能是将要显示的字符或图形的内码转换成图形点阵,并与同步信息形成视频信号输出给显示器。有的主板也将视频接口电路直接集成在主板上。

1.1.1.5 硬盘

硬盘是计算机非常重要的外存储器,它由一个盘片组(包括多个盘片)和硬盘驱动器组成,被固定在一个密封的盒内。硬盘的精密度高、存储容量大、存取速度快。除特殊需要外,一般的计算机都配有硬盘,有些还配有多个硬盘。系统和用户的程序、数据等信息通常保存在硬盘上,处理时系统将其读取到内存,需要保存时再保存到硬盘。

硬盘有以下几个主要指标:

1. 接口

硬盘接口是指硬盘与主板的接口。主板上的外设接口插座有 IDE、SATA、SCSI 等类型,硬盘接口也相应有这些类型。目前常用的硬盘接口大多为 SATA 类型。硬盘的接口不同支持的硬盘容量不一样,传输速率也不一样。

2. 容量

硬盘容量是指硬盘能存储信息量的多少。硬盘容量越大,存储的信息越多。

3. 转速

硬盘转速是指硬盘内主轴的转动速度,单位是 r/min。转速越快,磁盘与内存之间的传输速率越高。

硬盘一般被固定在主机箱内。主机箱上通常有一个指示灯,指示硬盘的工作情况,当它闪亮时,表示计算机正在存取数据。主机箱剧烈震动或硬盘读/写时突然断电,都可能损伤硬盘,使用时应该特别注意。

1.1.1.6　键盘

键盘是最常用的输入设备,用户可以通过按下键盘上的键来输入命令或数据,还可以通过键盘控制计算机的运行,如热启动、命令中断、命令暂停等。

1.1.1.7　鼠标

随着 Windows 操作系统的广泛应用,鼠标成为计算机必不可少的输入设备。通过点击或拖动鼠标,用户可以很方便地对计算机进行操作。鼠标按工作原理分为机械式和光电式两大类。

1. 机械式鼠标

机械式鼠标的底部有一个滚动球,当鼠标移动时,滚动球随之滚动,产生移动信息给 CPU。机械式鼠标价格便宜,使用时无须其他辅助设备,只需在光滑平整的桌面上即可进行操作。缺点是定位不如光电式鼠标准确,易磨损,易出现光标跳动现象。

2. 光电式鼠标

光电式鼠标的底部有两个发光二极管,当鼠标移动时,发出的光被下面的平板反射,产生移动信息给 CPU。光电式鼠标的定位精确度高。

1.1.1.8　光盘与光盘驱动器

光盘利用塑料基片的凹凸来记录信息。光盘分为只读光盘(CD-ROM)、一次写入光盘(CD-R)和可擦写光盘(CD-RW)三类。目前计算机系统中使用最广泛的是只读光盘。只读光盘只能读出信息而不能写入信息。

光盘中的信息是通过光盘驱动器(简称光驱)来读取的。

最初的光驱的数据传输速率是 150 KB/s,现在的光驱的数据传输速率一般都是这个速率的整数倍,称为倍速。如 16 倍速光驱、32 倍速光驱、40 倍速光驱、52 倍速光驱等。在多媒体计算机中,光驱已成为最基本配置。

1.1.1.9　打印机

打印机将信息输出到打印纸上,以便长期保存。打印机根据工作原理不同分为针式打印机、喷墨打印机和激光打印机三类。

1. 针式打印机

针式打印机在打印时,打印头上的钢针击打色带,将墨点印在打印纸上。常见的针式打印机有 9 针和 24 针打印机,目前常用的是 24 针打印机。所谓 24 针打印机就是打印头上有 24 根钢针,通常排成两排。

2. 喷墨打印机

喷墨打印机工作时打印机的喷头喷出墨汁,将墨点印在打印纸上。由于喷墨打印机是非击打式,所以工作时噪声较小。

3. 激光打印机

激光打印机采用激光和电子放电技术,通过静电潜像,然后再用碳粉使潜像变成粉像,加热后碳粉固定,最后印出内容。激光打印机噪声低、打印效果好、打印速度快,但打印成本较高。

1. 1. 2 计算机软件系统

软件是指使计算机为某种特定目的而运行所需要的程序以及程序运行时所需要的数据和有关的技术文档资料。简而言之,软件是所有的程序及有关技术文档资料的总称。

通常根据软件的用途将其分为系统软件和应用软件两大类。

系统软件是由计算机的设计者提供的,用于计算机的管理、控制、维护和运行,以及对运行程序进行翻译、装入等服务工作。系统软件分为三类:

一是操作系统。操作系统(Operating System,OS)是所有软件的核心。它是一个庞大的程序,它控制在计算机上运行的所有程序并管理计算机的所有软、硬件资源。

二是语言处理系统。它包括各种高级语言的编译程序、解释程序和汇编程序。没有这些程序,用各种语言编写的程序均无法在计算机上运行。

三是服务程序。服务程序的种类很多,通常包括机器的监控管理程序、调试程序、故障检查和诊断程序、连接编辑程序等。

应用软件是指用户利用计算机及其提供的系统软件为解决各类实际问题而编制的计算机程序。如财务管理系统程序、工资管理程序、人事档案管理程序等。应用软件可以标准化、模块化,形成解决典型问题的应用程序组合,即所谓的"软件包"。

1.2　计算机中的数制转换与运算

1.2.1　计算机中的数制

1.2.1.1　十进制数

十进制数的主要特点:

① 基数有 10 个,即 0、1、2、3、4、5、6、7、8、9 共 10 个数码,十进制数逢十进一。

② 位权为 10^i。同一数码处于不同的数位代表不同的数值,其数值=数码×位权。位权是一个固定常数,它等于以基数为底,数位序数为幂的指数。

以 326.23 为例,其表示如下:

2	1	0		−1	−2	数位序数 i
3	2	6	.	2	3	数
10^2	10^1	10^0		10^{-1}	10^{-2}	位权 10^i

同一数码位于不同的数位上,位权不同,代表的数值也不同,如其中的 2,小数点左边的 2 代表 $2 \times 10^1 = 20$,小数点右边的 2 代表 $2 \times 10^{-1} = 0.2$。整个数可以写成:

$$326.23 = 3 \times 10^2 + 2 \times 10^1 + 6 \times 10^0 + 2 \times 10^{-1} + 3 \times 10^{-2}$$

这种按数码所在的数位序数乘上相应位权的表示数的方法称**位置记数法**。对任意一个十进制数 N,按位置记数法可表示为

$$N = \pm (D_{n-1} \times 10^{n-1} + D_{n-2} \times 10^{n-2} + \cdots + D_1 \times 10^1 + D_0 \times 10^0 +$$

$$D_{-1} \times 10^{-1} + D_{-2} \times 10^{-2} + \cdots + D_{-m} \times 10^{-m})$$

式中，D_i 为系数，是基数 $0 \sim 9$ 十个基数中的任一个，i 为数位序数，n 为小数点左边的位数，m 为小数点右边的位数，10^i 为十进制的位权。

1.2.1.2　二进制数

计算机能识别的数是二进制数，其主要特点是：

① 基数有 2 个数码，即 0 和 1，二进制数逢二进一。

② 位权为 2^i。数码位于不同的数位代表不同的数值。如 $(101.01)_2$ 表示为：

$$(101.01)_2 = 1 \times 2^2 + 0 \times 2^1 + 1 \times 2^0 + 0 \times 2^{-1} + 1 \times 2^{-2}$$
$$= 4 + 0 + 1 + 0 + 0.25 = 5.25$$

通常用脚注 2(或 B)表示二进制数。此二进制数的十进制数值为 5.25，十进制数不加标注。

任意一个二进制数 N，用位置记数法可表示为：

$$N = \pm (B_{n-1} \times 2^{n-1} + B_{n-2} \times 2^{n-2} + \cdots + B_1 \times 2^1 + B_0 \times 2^0 + B_{-1}$$
$$\times 2^{-1} + B_{-2} \times 2^{-2} + \cdots + B_{-m} \times 2^{-m})$$

式中，B_i 是二进制的基数 0 或 1。用位置记数法按位权展开相加，可求得任意一个二进制数 N 对应的十进制数值。

1.2.1.3　十六进制

用二进制数表示的数，位数长，使用不方便，利用 $2^4 = 16$ 这一关系，常常将二进制数写成十六进制数，其特点是：

① 基数有 16 个，即 0、1、2、3、4、5、6、7、8、9、A、B、C、D、E、F 共 16 个数码，十六进制数逢十六进一。

② 位权是 16^i。

任意一个十六进制数 N，用位置记数法可表示为：

$$N = \pm (H_{n-1} \times 16^{n-1} + H_{n-2} \times 16^{n-2} + \cdots + H_1 \times 16^1 + H_0 \times 16^0 +$$
$$H_{-1} \times 16^{-1} + H_{-2} \times 16^{-2} + \cdots + H_{-m} \times 16^{-m})$$

式中，H_i 是 $0 \sim F$ 十六个基数中的任一个。用位置记数法按位权展开相加，可求得任意一个十六进制数 N 对应的十进制数值。

1.2.2　数制之间的转换

1.2.2.1　十进制整数转换成二进制数

其转换常采用"除基取余法",即用基数 2 去除十进制数,所得余数即为二进制数的最低位 B_0,再用 2 去除所得的商,所得余数为二进制数的上一位 B_1,如此下去,直到所得商为零为止,最后得到的余数为二进制数的最高位 B_n。

例如:将十进制数 237 转换为二进制数:

$$
\begin{array}{r l}
2\,\underline{|\,237} & \\
2\,\underline{|\,118} & \text{余}1=B_0\text{(最低位)}\\
2\,\underline{|\,59} & \text{余}0=B_1\\
2\,\underline{|\,29} & \text{余}1=B_2\\
2\,\underline{|\,14} & \text{余}1=B_3\\
2\,\underline{|\,7} & \text{余}0=B_4\\
2\,\underline{|\,3} & \text{余}1=B_5\\
2\,\underline{|\,1} & \text{余}1=B_6\\
0 & \text{余}1=B_7\text{(最高位)}
\end{array}
$$

即: $237 = B_7\,B_6\,B_5\,B_4\,B_3\,B_2\,B_1\,B_0 = (11101101)_B$

1.2.2.2　十进制整数转换为十六进制数

用"除基取余法"也可实现十进制整数到十六进制数的转换,只不过这里的基数为 16。仍以 237 为例,其转换过程如下:

$$
\begin{array}{r l}
16\,\underline{|\,237} & \\
16\,\underline{|\,14} & \text{余}13=\text{D}=H_0\text{(最低位)}\\
0 & \text{余}14=\text{E}=H_1\text{(最高位)}
\end{array}
$$

即: $237 = H_1\,H_0 = (\text{ED})_H$

1.2.2.3　十进制小数转换为二进制小数

其转换方法常采用"乘基取整法",就是用基数 2 去乘十进制小数,得到一整数(只能是 0 或 1)和小数部分。这整数就是二进制小数部分的最高位 B_{-1}。再用 2 乘小数部分又得一整数和小数部分,这次得到的整数为 B_{-2},……以此类推,直到小数部分为 0,或者到二进制的小数位数已达到给定精度要求为止。最后一次得到的整数是二进制数小数的最低位。

例如:将十进制小数 0.6875 转换为二进制小数。用乘 2 取整法的转换过程如下:

$$0.6875$$
$$\underline{\times\quad 2}$$
$$1.3750 \quad 取整数部分=1=B_{-1}(最高位)$$
$$\underline{\times\quad 2}$$
$$0.7500 \quad 取整数部分=0=B_{-2}$$
$$\underline{\times\quad 2}$$
$$1.5000 \quad 取整数部分=1=B_{-3}$$
$$\underline{\times\quad 2}$$
$$1.0000 \quad 取整数部分=1=B_{-4}(最低位)$$

即:$0.6875=0.(B_{-1}\,B_{-2}\,B_{-3}\,B_{-4})=(0.1011)_B$

1.2.3　二进制数的运算

1.2.3.1　加法运算

二进制数加法运算规则如下:

1. $0+0=0$

2. $0+1=1$

3. $1+0=1$

4. $1+1=10$(进位为 1)

5. $1+1+1=11$(进位为 1)

例如:将两个二进制数 1101 与 1011 相加如下:

$$1101\cdots\cdots\cdots被加数$$
$$1011\cdots\cdots\cdots加数$$
$$\underline{+)\quad\ 111\ \cdots\cdots\cdots进位}$$
$$11000\cdots\cdots\cdots和$$

1.2.3.2　减法运算

二进制数减法运算规则如下:

1. $0-0=0$
2. $1-0=1$
3. $1-1=0$
4. $0-1=1$(有借位,借 1 当 2)
5. $0-1-1=0$(有借位)
6. $1-1-1=1$(有借位)

例如:将两个二进制数 1101 与 1011 相减,其过程如下:

$$
\begin{array}{r}
1101 \cdots\cdots\cdots\cdots\text{被减数} \\
1011 \cdots\cdots\cdots\cdots\text{减数} \\
-)\quad 1 \cdots\cdots\cdots\cdots\text{借位} \\
\hline
0010
\end{array}
$$

1.2.3.3 乘法运算

二进制数乘法运算规则如下:

1. $0\times0=0$
2. $0\times1=0$
3. $1\times0=0$
4. $1\times1=1$

计算机中两数相乘的过程不但与十进制数相乘类似,而且更为简单,即二进制数的乘法实质上是由"加"(加被乘数到部分积)和"移位"(部分积移位)两种操作实现的。

例如:两个二进制数 1101 与 1011 相乘,其过程如下:

乘数	1101	
乘数×)	1011	
初始部分积	0000	
+)	1101	乘数位 $B_0=1$
第一次部分积	1101	
+)	1101	乘数位 $B_1=1$
第二次部分积	100111	
+)	0000	乘数位 $B_2=0$
第三次部分积	100111	
+)	1101	乘数位 $B_3=1$
乘积	10001111	

上面相乘的过程为右移部分乘积法。用右移部分乘积法时,对乘数位的检查从右边的最低位开始;相反,若用左移部分乘积法,对乘法则应从最高位检查开始。

1.2.3.4 除法运算

除法是乘法的逆运算,它与十进制除法类似,且更为简单。二进制除法实质上是由减(部分被除数减除数)和"移位"(被除数左移)两种操作实现的。

例如:两个二进制数 1001110 与 110 相除,具体过程如下:

```
                0001101 ……… 商
除数 … 110  ⟌ 1001110 ……… 被除数
          一) 110
              111          余数:初始部分被除数—除数,商=1
          一) 110           第一次部分被除数—除数,商=1
               11          余数:第二次部分被除数—除数,商=0
              110          余数:第三次部分被除数—除数,商=1
          一) 110
                0
```

综上所述,二进制数的加、减、乘、除四则运算可归结为加、减、移位三种操作。

1.3 模拟量的输入/输出原理

变配电所的电压、电流、有功功率、无功功率、温度等都属于连续变化的模拟量,而微机只能识别数字量,故必须将这些模拟量经过一定的装置转换成数字量才能输入到微机进行处理。另一方面,需要将微机系统的数字量转换成模拟量以实现对所内设备的控制、调节。

1.3.1 模拟量输入电路

根据模/数转换原理的不同,铁路供电系统中模拟量的输入电路有两种方式:一种是基于逐次逼近型 A/D 转换(ADC)方式,是直接将模拟量转换成数字量的变换方式；另一种是电压/频率变换（VFC）方式，它是将模拟量电压先转换为频率脉冲量，通过脉冲计数变换为数字量的变换方式。

典型的模拟量输入电路的结构框图如图 1-3-1 所示，主要由电压形成回路、低通滤波电路、采样保持电路、多路转换器及 A/D 转换器组成。

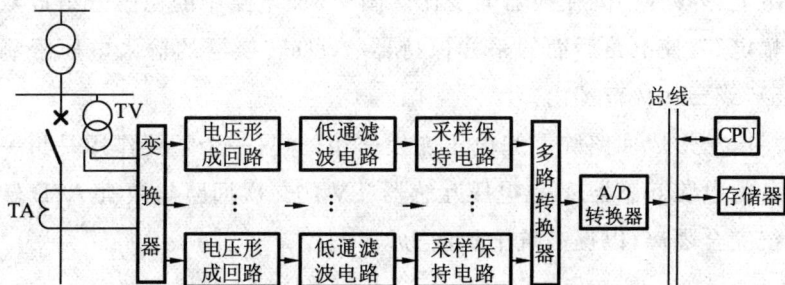

图 1-3-1　逐次逼近型模拟量输入电路框图

1.3.1.1　电压形成回路

电压形成回路一般采用各种中间变换来实现。先通过电流互感器 TA、电压互感器 TV 或电抗器取得信息。但这些互感器的二次侧电流或电压量不能适应模/数变换器的输入范围要求，故需对它们进行变换，其典型原理如图 1-3-2 所示。

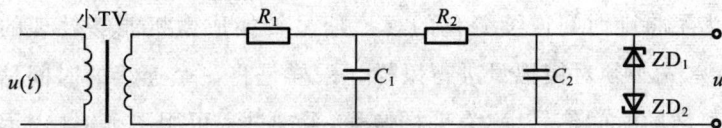

（a）电压接口原理图

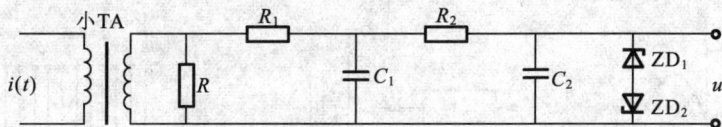

（b）电流接口原理图

图 1-3-2　模拟量输入电压变换原理图

将一次设备电压互感器二次侧引来的电压送至图 1-3-2(a)的中间变换器小 TV 进行降压,将一次设备电流互感器二次侧引来的电流送至图 1-3-2(b)的中间变换器小 TA 变成交流电压,再经低通滤波器及双向限幅电路,变成下一环节中 A/D 转换器所允许的电压范围。

一般模/数转换器要求输入信号电压为 ±5V 或 ±10V,由此可以决定上述各种中间变换器的变比。图 1-3-2 电路中的稳压管组成双向限幅电路,使电路后面的采样保持器、A/D 转换器的输入电压限制在 ±5V 或 ±10V 范围内。

电压形成回路除了起电压变换作用外,另一个重要作用是将一次设备的电流互感器 TA、电压互感器 TV 的二次回路与微机 A/D 转换系统完全隔离,以提高抗干扰能力。

1.3.1.2　低通滤波电路

低通滤波电路的作用是在采样之前,将最高工频分量限制在一定频带之内,即限制输入信号的最高频率,以降低采样频率。这样,一方面降低了对硬件的要求,另一方面保证所需最高频率信号的采样不至于发生失真。模拟低通滤波器的频幅特性的最大截止频率,必须根据采样频率的取值来确定。

1.3.1.3　采样保持电路

为了将随时间连续变化的模拟信号转换成微机能够处理的数字信号,首先必须对模拟量进行采样。采样是将一个连续的时间信号变换成离散的时间信号,称为**采样信号**,采样过程可用图 1-3-3 表示。

采样时间间隔由采样控制脉冲 $s(t)$ 来控制,相邻两个采样时刻的

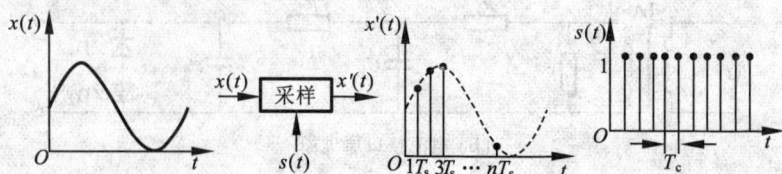

图 1-3-3　采样过程示意图

时间间隔称为**采样周期**，通常用 T_s 表示。采样时每隔 T_s 时间就取一次模拟信号的即时幅值，显然它在各个采样点上$(0,T_s,2T_s,\cdots,nT_s)$的幅值与输入的连续信号的幅值是相同的。在铁路供电系统中，对电压、电流量的采样是以等采样周期间隔来表示的，采样周期的倒数就是采样频率。

输入模拟信号经过理想采样变成 $x'(t)$ 后可表示为

$$x'(t) = x(t) \mid_{t=nT_s}$$

在铁路供电系统中，被采样的信号主要是工频 $50\,\mathrm{Hz}$ 的模拟信号，通常以工频每个周期的采样点数来间接定义采样周期 T 或采样频率 f。

在采样期间，保持输入信号不变的电路称为**采样保持电路**。由于输入模拟信号是连续变化的，而 A/D 转换器要完成一次转换是需要时间的，这段时间称为**转换时间**。不同类型的 A/D 转换芯片，其转换时间不同，对变化较快的模拟信号来说，如果不采取措施，将会引起转换误差。为了保证转换精度，可采用采样保持器，以便在 A/D 转换期间，保持采样输入信号的大小不变。

1.3.1.4　多路转换器

在铁路供电系统中，要监视或控制的模拟量不止一个，即需要采集的模拟量一般比较多，为了简化电路，节约投资，可以采用多路转换器，使多个模拟信号共用一个 A/D 转换器进行采样和转换。

1.3.1.5　A/D 转换器

A/D 转换器的作用就是将模拟输入量转换成数字量，以便由微机读取，进行分析处理。

模/数转换器主要由逐次逼近寄存器 SAR、D/A 转换器、比较器以及时序和控制逻辑等部分组成，其工作原理如图 1-3-4 所示。

在进行转换时，先将 SAR 寄存器各位清零。

转换开始时，控制逻辑电路先设定 SAR 寄存器的最高位为"1"，其余各位为"0"，将试探值转换成电压 U_c，然后由 U_c 与模拟输入电压 U_x 比较：如果 $U_x \geqslant U_c$，SAR 最高位为"1"保留；如果 $U_x \leqslant U_c$，SAR （a）原理框图　　　　　　　　（b）逐次逼近过程

（c）逐次逼近步骤

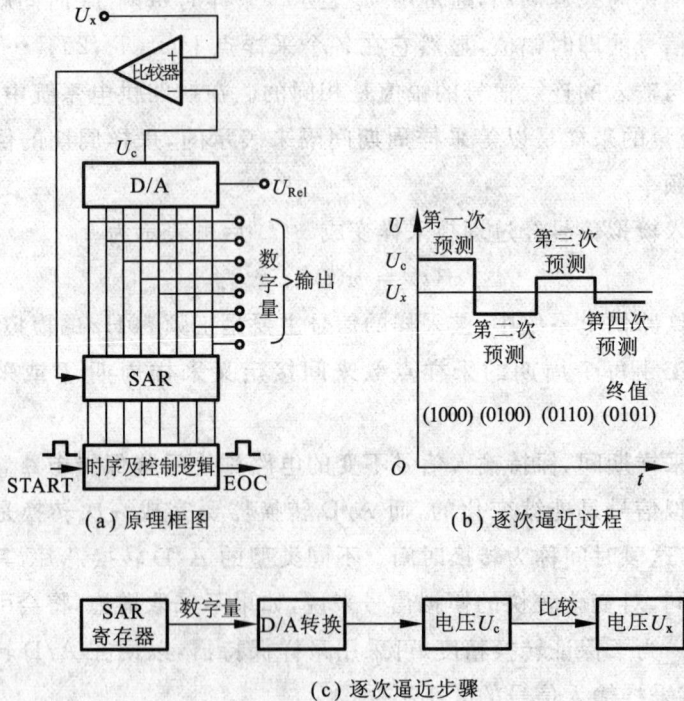

图 1-3-4　逐次逼近型模/数转换器转换原理

该位为清零；然后再对 SAR 的次高位置"1"，按上述方法依次进行 A/D转换和比较。

　　重复上述过程，直至确定 SAR 寄存器的最低位为止。逐次比较过程结束后，状态线 EOC 改变状态，表明已完成一次转换。最后逐次逼近寄存器 SAR 中的内容就是模拟量 U_x 相对应的二进制数字。

1.3.2　模拟量输出电路

　　计算机输出的信号是以数字的形式给出的，而有的执行元件要求提供电流或电压等模拟信号，故必须采用模拟量输出通道来实现。

　　模拟量输出电路组成如图 1-3-5 所示。它的作用是把微机输出的数字量转换成模拟量，这个任务主要是由数/模（D/A）转换器来完成。由于 D/A 转换器需要一定的转换时间，在转换期间，输入待转换的数字量应该保持不变,而微机输出的数据,在数据总线上稳定的时间很短,因此在微机与 D/A 转换器间必须用锁存器来保持数字量的稳定。经过 D/A 转换器得到的模拟信号,一般要经过低通滤波器,使其输出波形平滑,同时为了能驱动受控设备,可以采用功率放大器作为模拟量输出的驱动电路。

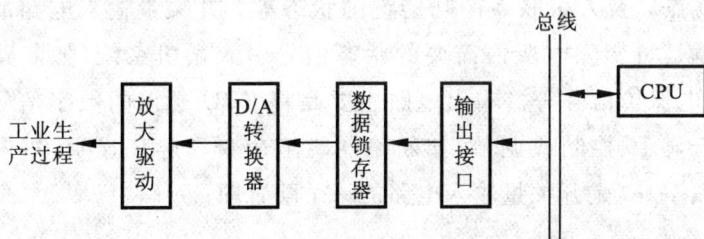

图 1-3-5　模拟量输出结构框图

数/模(D/A)转换器的主要部件是电阻开关网络,其主要网络形式为全电阻网络和 R-$2R$ 梯形电阻网络。由于这种电阻网络只由两种阻值的电阻组成,用集成工艺生产比较容易,精度也容易保证,因此应用比较广泛。在图 1-3-6 中,各位开关的状态由数据锁存器的对应位决定。

图 1-3-6　简化了的 R-$2R$ 梯形电阻网络原理图

1.4 开关量的输入/输出原理

在数据采集中,除模拟信号外,还有大量的以二进制数字变化为特点的信号,如断路器、隔离开关的状态,按钮、普通开关、刀闸、断路器的触点以及人机联系的功能键的状态等。开关量输入电路的基本功能就是将变配电所内需要的状态信号引入微机系统,如断路器状态、继电保护信号等。输出电路主要是将 CPU 送出的数字信号或数据进行显示、控制或调节,如断路器跳闸命令和屏幕显示、报警信号等。图 1-4-1 是开关量输入电路的一个配置图。

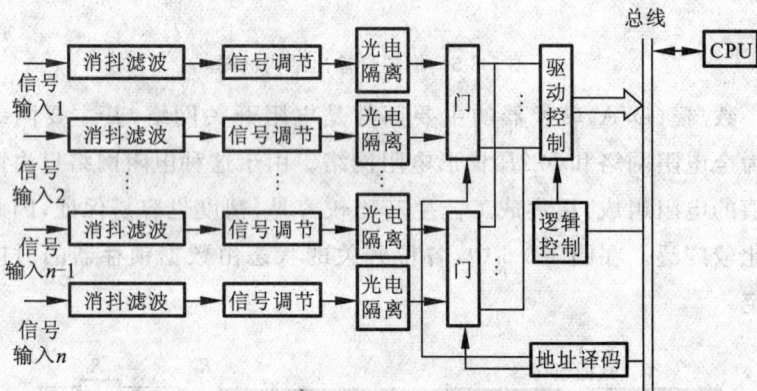

图 1-4-1 开关量输入电路配置图

由图 1-4-1 可知,开关量输入电路由信号调节电路、隔离电路、逻辑控制电路、驱动电路、地址译码电路等组成。开关量输出电路与输入电路基本一样。

开关量信号都是成组并行输入(出)微机系统的,每组一般为微机系统基本字节的整数倍,即 8、16 或 32 位,对于断路器、隔离开关等开关量的状态,体现在开关量信号的每一位上,如断路器的分、合两种工作状态,可用 0、1 表示。

铁路供电系统中的断路器、隔离开关和继电器等常处于强电场中,电磁干扰比较严重,若不采取适当措施,则当断路器或隔离开关动作时,可能会干扰程序的正常执行,产生所谓"飞车"的软故障,甚至损坏接口电路芯片或损耗 CPU。因此为了防止电磁干扰对计算机的影响，必须采取抗干扰措施。

1.4.1 滤波消噪电路与信号调节电路

当开关量作为输入信号，因长线及空间产生干扰信号时，可能会使状态产生错误，为此，需增加滤波消除噪声，图 1-4-2(a)是电路之一。图 1-4-2(b)、(c)为未采用滤波及采用滤波后的输入、输出波形，可见在加入了滤波电路及施密特触发器后，输出消除了干扰信号。

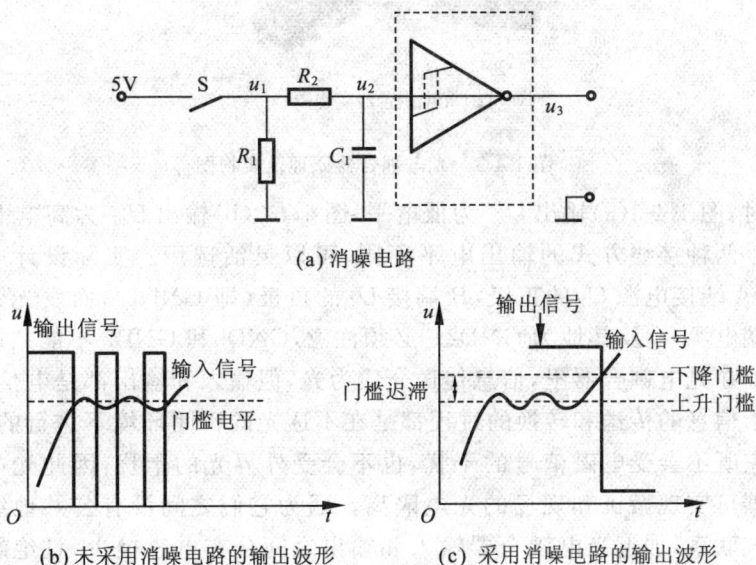

(a) 消噪电路

(b) 未采用消噪电路的输出波形   (c) 采用消噪电路的输出波形

图 1-4-2 消噪滤波电路

1.4.2 光电隔离

利用光电耦合器可以实现现场开关量与微机总线之间的完全隔离。光电耦合器由发光二极管和光敏三极管组成。光电二极管和光敏三极管之间是绝缘的，两者都封装于同一芯片中，其原理如图 1-4-3 所示，虚线框内为光电耦合器。

利用光电耦合器作为开关量输入微机的隔离器件，当有输入信号时，开关 S 闭合，二极管导通，发出光束，使光敏三极管饱和导通，于是输出端 U_{01}、U_{02} 电位发生变化。图 1-4-3 的两种接线方式，当开关 S 闭

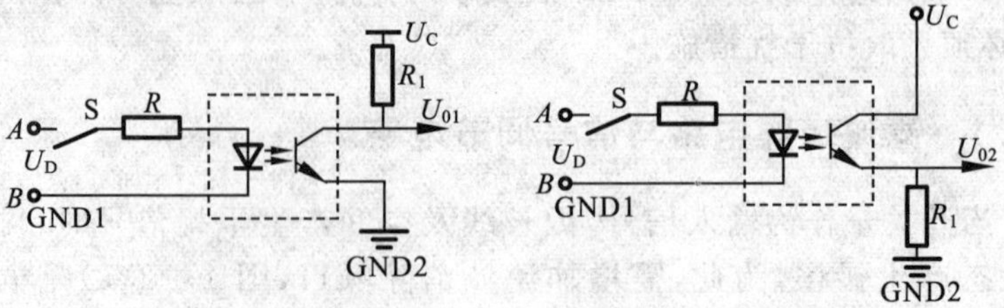

(a) 输出为低电平   (b) 输出为高电平

(c) 光电耦合器实物图

图 1-4-3   光电耦合器原理及实物图

合时,图 1-4-3(a)输出 U_{01} 为低电平,图 1-4-3(b)输出 U_{02} 为高电平。

  两种接线方式的输出电平不同,可以灵活选用。实际设计电路时,A 端接电源 U_D 的正极,B 端接 U_D 的负极(即 GND1),而发光管输出端电源 U_C 及其地为 GND2。必须注意,GND1 和 GND2 不能共地。

  在光电耦合器里,信息传送介质为光,但输入和输出都是电信号,由于信息的传送和转换的过程都是在不透光的密闭环境下进行的,因此它既不会受电磁信号的干扰,也不会受外界光的干扰,因此光电耦合器可实现微机和现场的光电隔离。因为它们之间没有公共地线的电气联系,加上光电耦合器输入和输出之间分布电容极少,且绝缘电阻又非常大,所以隔离效果比较好,现场侧的电磁干扰很难通过它影响微机总线。

1.4.3   继电器隔离

  现场断路器、隔离开关、继电器的辅助触点和主变压器分接开关位置等开关信号,输入至微机系统时,可通过继电器隔离,其原理接线图如图 1-4-4 所示(输出两路)。

  利用现场断路器或隔离开关的辅助触点 S_1、S_2 接通,去启动小信号继电器 K1、K2,然后由 K1、K2 的触点 K1—1、K2—1 等输入至微机系统,可起到很好的隔离作用。输入至微机系统的继电器触点,可采用与微机系统输入接口板配合的弱电电源 U。

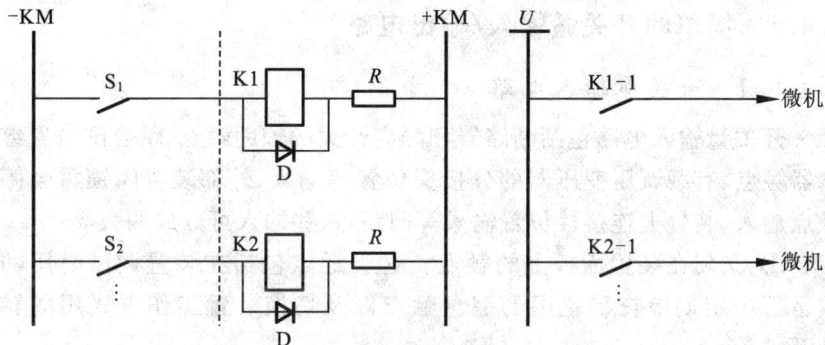

图 1-4-4　采用继电器隔离的开关原理接线图

1.4.4　驱动控制与端口地址译码

微处理器的驱动能力是有限的,为了正确地进行数据的 I/O 传送,必须解决总线的隔离和驱动问题,通常根据不同情况在 CPU 的地址总线、数据总线和控制总线上加进不同数量和类型的驱动电路,这些总线上连接着多个数据源(向总线输入数据)和多个数据负荷设备(向总线输出设备)。但是,在任一时刻只能进行一个源和一个负荷之间的数据传送,此时要求所有其他设备在电性能上与总线隔离,这就是总线隔离问题。此外由于微处理器功率有限,故每个 I/O 引脚的驱动能力也有限,因此,为了驱动负荷,往往采用缓冲器/驱动器。

多数 CPU 的 I/O 指令可以用 16 位有效地址 AB0～AB15,可寻址 0～65 535 个地址单元,简称 64KB 的地址范围,例如 MCS-51 系列和 MCS-96 系列单元都采用 16 位多路复用地址总线,但 IBM PC 系列机的输入/输出指令只用 AB0～AB9 十位地址来表示输入/输出空间,因此其输入/输出端口地址仅为 0～1 023,即 1KB,其中前 512 个地址(000～1FFH)由主板上的输入/输出接口使用,其余 200～3FFH 可以由插在插槽中的输入/输出通道使用,其中又有部分被通用外部设备占用,例如并行打印机、彩色显示适配器都需占用输入/输出端口,若用户需要扩展专用的输入/输出通道,应从尚未使用的端口地址中选择。

1.4.5 简单的开关量输入/输出电路

1.4.5.1 开关量输入电路

开关量输入电路包括断路器和隔离开关的辅助触点、跳合闸位置继电器触点、有载调压变压器的分接头位置等输入、外部装置闭锁重合闸触点输入、装置上连接片位置输入等回路,这些输入可分成两大类:

① 安装在装置面板上的触点。这类触点包括在装置调试时用的或运行中定期检查装置用的键盘触点以及切换装置工作方式用的转换开关等。

② 从装置外部经过端子排引入装置的触点。例如:需要由运行人员不打开装置外盖就能在运行状态中切换的各种连接片、转换开关以及其他装置和操作继电器等。

对于装在装置面板上的触点,可直接接至微机的并行口,如图 1-4-5(a)所示。只要在可初始化时规定图中可编程的并行口的 PA0 为输入端,CPU 就可以通过软件查询,随时掌握图 1-4-5(a)外部触点 K1 的状态。

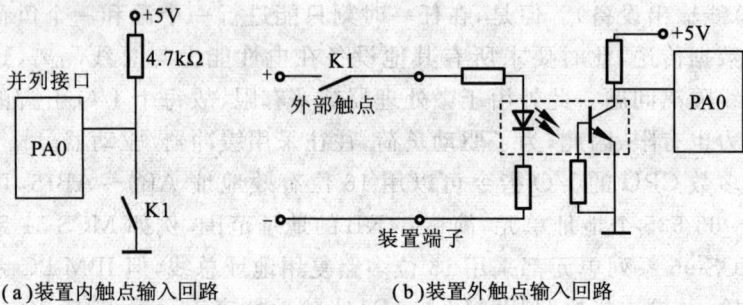

(a)装置内触点输入回路   (b)装置外触点输入回路

图 1-4-5 开关量输入电路原理图

对于从装置外部引入的触点,如果按图 1-4-5(a)接线会给微机引入干扰,故应先经光电隔离,如图 1-4-5(b)所示。当外部触点 K1 接通时,有电流通过光电器件的发光二极管回路,使光敏三极管导通。K1 断开时,则光敏三极管截止。因此,三极管的导通与截止完全反映了外部触点的状态,如同将 K1 接到三极管的位置一样,不同的是阻断了可能带有电磁干扰的外部接线回路和微机的电路部分之间的联系,而光电耦合芯片的两个互相隔离部分的分布电容为几皮法,因此可大大削弱干扰。

1.4.5.2 开关量输出回路

开关量输出主要包括保护的跳闸出口以及本地和中央信号等,一般都采用并行接口的输出方式来控制有触点继电器(干簧或密封小中间继电器)的方法,但为提高抗干扰能力,最好先经过一级光电隔离,如图1-4-6所示。

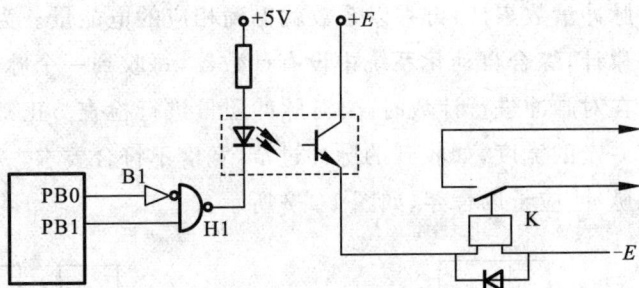

图 1-4-6 开关量输出电路原理图

只要通过软件使并行接口的 PB0 输出"0",PB1 输出"1",便可使与非门 H1 输出低电平,光敏三极管导通,继电器 K 被吸合。在初始化和需要继电器 K 返回时,应使 PB0 输出"1",PB1 输出"0"。

设置反相器 B1 及与非门 H1 而不将发光二极管直接同并行接口相连,一方面是因为并行接口带负荷能力有限,不足以驱动发光二极管;另一方面这样设置,与非门要满足两个条件才能使 K 动作,增加了抗干扰能力。为了防止拉合直流电源的过程中继电器 K 的短时误动,将 PB0 经一反相器输出,而 PB1 不经反相器输出。因为在拉合直流电源过程中,当 5V 电源处于某一个临界电压值时,可能由于逻辑电路的工作紊乱而造成保护误动作,特别是保护装置的电源往往接有大量的电容器,所以拉合直流电源时,无论是 5V 电源还是驱动继电器 K 用的电源 E,都可能相当缓慢的上升或下降,从而很可能使继电器 K 的触点短时闭合。采用上述接法后,两个反相条件互相制约,可以可靠地防止误动作。

1.4.6　脉冲量输入电路

现在电能计量的常用方法是电能脉冲计量法，即使电能表转盘每转动一圈便输出一个或两个脉冲，用输出的脉冲数代替转盘转动的圈数，并将脉冲量通过计数器计数后输入微机系统，由 CPU 进行存储、计算。

转盘式脉冲电能表发送的脉冲数与转盘所转的圈数即电能量成正比。将脉冲量数累计，再乘以系数就得到相应的电能量。为了对脉冲数进行累计，综合自动化系统中设有计数器，每收到一个脉冲，计数值加一。在对脉冲进行计数时，要对脉冲质量进行检查。正常情况下的脉冲有一定的宽度，如收到的脉冲过窄，宽度不符合要求，一般可判断为干扰脉冲，应予以舍弃，如图 1-4-7 所示。

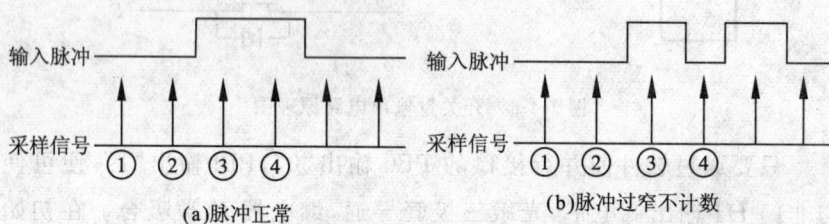

(a)脉冲正常　　　　　　(b)脉冲过窄不计数

图 1-4-7　脉冲质量检测

在图 1-4-7(a)中，由于①、②处采样脉冲连续检测为低电平，而③、④处采样脉冲连续检测为高电平，即对于正常脉冲，定时采样连续测得脉冲为高电平的次数≥2，就确定为有效脉冲，计数器加 1。

在图 1-4-7(b)中，①、②处采样脉冲连续检测为低电平，但③、④处的采样值不同，因而认为输入的是尖峰干扰，不是有效脉冲，计数器不予计数。

在铁路供电系统中，电能脉冲的到来是随机的，计数器随时可能要计数。读取计数器的累计值时不应妨碍正常的计数工作，因而一般采用两套计数器，主计数器对输入的脉冲进行计数，副计数器数据平时随主计数器更新,两者的数据保持一致。在收到统一读数的"冻结"命令时,副计数就停止更新,保持当时的数据不变,而主计数器仍照常计数,因此数据可从副计数器读取,反映的是"冻结"时的数据,等"解冻"命令到达时,副计数器刷新计数,保持与主计数器的数据一致。脉冲计数器的工作流程如图 1-4-8 所示。

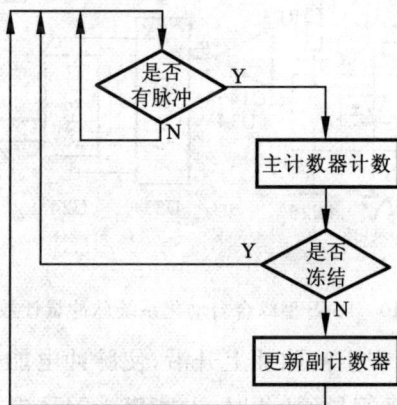

图 1-4-8　脉冲计数器的工作流程图

脉冲计数需使用"冻结"措施的原因是:

① 保证读数的同时性。让全系统所有的被控端脉冲量同时冻结,然后分别提取。

② 保证读数的正确性。若不冻结,可能会造成读数读错。例如计数值为 29,先读低位 9,这时碰巧来了一个脉冲,计数值已变为 30,再读高位时已为 3,结果计数值读成 39,造成很大读数误差。若先读高位,由于上述情况的出现,则可能读成20,读数误差也很大。因此脉冲量读取的过程应规定为:自动冻结副计数器,从低字节开始读,等读完后再解冻并更新,流

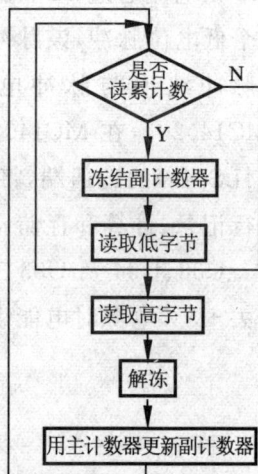

图 1-4-9　脉冲量读取流程图

程如图 1-4-9 所示。

　　下面以图 1-4-10 所示的某公司的 PWS 型综合自动化系统脉冲量计数电路图为例,说明计数电路的工作原理。

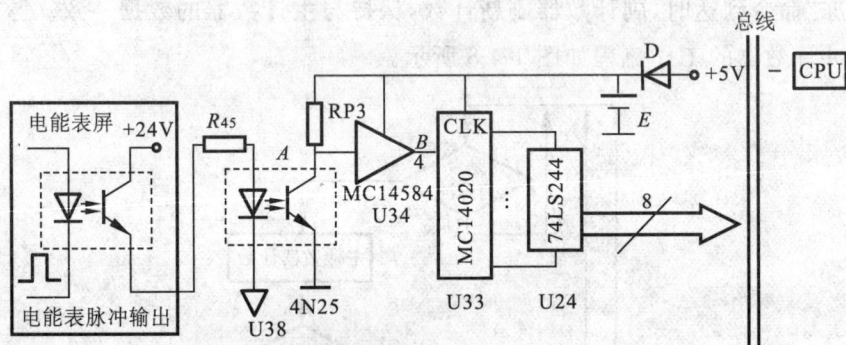

图 1-4-10　PWS 型综合自动化系统脉冲量计数电路图

　　脉冲电能表所产生的脉冲上升沿,使脉冲电能表内部光电隔离器的二极管发光,三极管导通,此时,电能表＋24V 电源通过该三极管及微机系统模块中的电阻 R_{45} 使光电隔离器 U38 的二极管发光,三极管饱和导通,A 点由高电平变为低电平,在脉冲电能表输出过去以后,U38 无电流通过,A 点由低电平变为高电平。在这一过程中 A 点得到一个低电位脉冲,该脉冲通过 U34(MC14584)整形并反相输出,B 点的脉冲波形与脉冲电能表的相一致. 此脉冲接入计数器 U33(MC14020),在 MC14020 的输出端得到脉冲累计数,CPU 控制 U24(74LS244)的选通端,将计数值开放到数据总线,CPU 读入计数值后进行记录、计算和存储。

　　U38、U34 及 U33 三个芯片的电源可由电池 E 供给,保证在系统失去＋5V 电源时电能表计数值不丢失,并可继续对脉冲进行计数。

第2章 铁路供电远动系统的 结构与原理

远动系统目前应用于很多行业，一般由主控端、被控端和传输通道三部分构成，主要用途是实现主控端和被控端之间的遥控、遥测、遥信、遥调等功能。铁路供电远动系统同其他远动系统类似，本章主要介绍铁路供电远动系统的设备构成与工作原理。

2.1 系统的构成及功能

2.1.1 远动系统的基本结构

远动系统的基本结构包括主控端（调度端）、传输通道、被控端三部分，从另一个角度来讲就是信息的产生、信息的传送以及信息的接收三个部分。

远动系统的发送端设备是命令的产生部分，远动系统的接收端设备是命令的接收部分，而命令的传送部分是远动系统的信道。从结构上讲，远动系统与一般自动化系统之间最大的区别就在于信道的存在。

需要澄清的一个概念是：信息的发送端不一定就是主控端，而信息的接收端也不一定就是被控端。对于遥控和遥调命令，主控端为发送端，被控端为接收端，主控端将命令发送给被控端去执行；而对于遥信、遥测信息，被控端则是发送端，而主控端则是接收端，被控端要将遥测、遥信量送到调度端去显示或记录。

主控端设备一般安装在单位的调度中心，被控端设备一般装设在沿线的车站信号机械室、箱变和变、配电所内。远动系统示意图如图 2-1-1 所示。

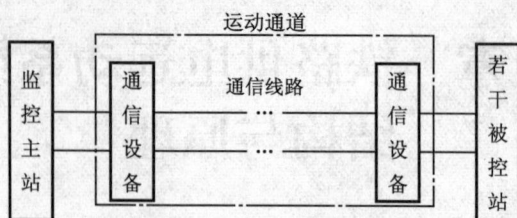

图 2-1-1　远动系统示意图

目前常用的数据采集与监视控制系统(Supervisory Control And Data Acquisition,简称为 SCADA)系统一般采用开放型分布式双以太网结构,客户机/服务器模式,系统采用服务器、工作站配置。图 2-1-2 所示为远动系统的一个典型结构。调度端设备包括服务器、调度员工作站、维护工作站、网络设备、通信接口设备、打印设备、模拟屏、UPS、GPS 等。被控端设备包括安装在信号机械室或箱变内的 FTU、安装在电磁型变配电所、分区亭内的 RTU 以及综自型变配电所、分区亭的远动通信管理机。

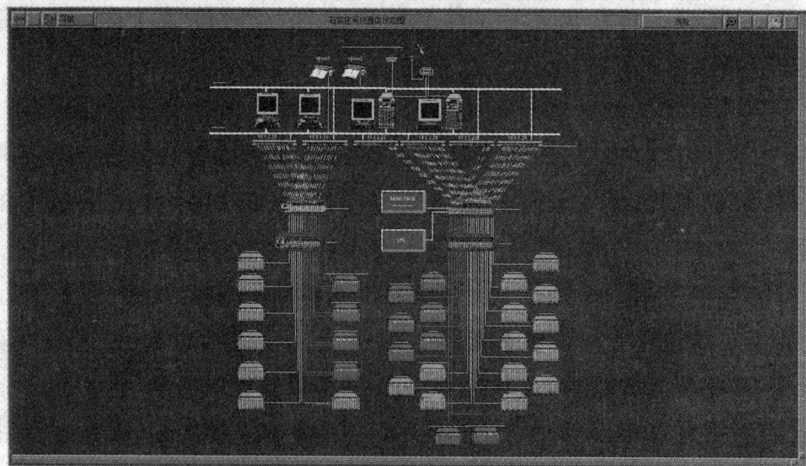

图 2-1-2　系统典型结构

2.1.2　远动系统的功能

调度端的主要任务就是对被控端送来的信息进行加工、处理,并根据需要进行各种报表、记录的显示、存储、打印,对事故信号进行报警,以及操作员通过人机接口向各被控端发出操作命令等。被控端的主要功能则是采集当地各开关量的状态、电气量的参数并及时上送调度主站,以及执行调度端发来的各种操作命令等。

远动技术即是调度端与各被控端之间实现遥控、遥测、遥信和遥调技术的总称。因而远动系统的主要功能就是遥控、遥测、遥信、遥调。

1. 遥控(YK,Remote-Control,或 Telecontrol)

遥控是从调度端发出命令以实现远方操作和切换。这种命令只取有限个离散值,通常只取两种状态指令,例如开关的"合"、"分"指令。

单独控制:对被控站内某一开关设备或转换装置进行状态控制。

程序控制:对所控对象内容按预先设定的若干单控操作步骤组合而成一个控制程序,包括站内程控及站间程控。

开关闭锁控制:对被控站内任何开关设备的操作进行闭锁。

手动模拟置位操作:当被控站或通道故障时,可手动设置开关的位置状态,此外,手动隔离开关的状态亦采用手动置位操作方式。

遥控试验:在被控站内设置模拟开关,对此模拟开关进行状态控制,用以检查遥控过程的各环节设备是否正常。

遥控操作方式:基本操作过程分为"选择"和"执行"两步,并对"选择"步骤进行校验。

遥控操作均提供控制条件校验及信息提示。

2. 遥测(YC,Telemetering)

遥测是将被控站的某些运行参数传送给调度端。如有功和无功功率、电度、电压、电流等。

3. 遥信(YX,Telesignal)

遥信是将被控站的设备状态信号远距离传送给调度端。如开关位置信号、报警信号等。

正常运行状态的监视:对供电系统及供电设备运行状态的监视。

　　异常运行状态的监视：对供电系统及供电设备非正常运行状态下的非紧急故障信息内容及发生事故后的紧急故障信息内容的监视。

　　报警提示：包括画面显示、文本信息、音响报警、报警站名画面显示等。

　　4. 遥调（YT，Teleadjusting）

　　遥调是调度端直接对被控站某些设备的工作状态和参数的调整。如调节变配电所的某些量值（如电压等）。

　　由于计算机的运算速度越来越快、功能越来越强，使得远动系统除了完成常规的"四遥"功能外，还可完成许多其他的数据处理和管理功能，如根据需要，编制各种不同的图形、报表，可提供远动复示终端，可与其他系统联网等功能，还可提供操作人员的在线培训、防误操作以及辅助决策等功能。

2.1.3　远动系统的性能指标

　　对任何一种计算机监控系统而言，都可以用系统的性能指标，或主要技术要求来衡量其优劣或作为设计、选型的要求。一般主要有如下几点：

　　1. 可靠性

　　远动系统的可靠性是指设备在技术要求所规定的工作条件下，能够保证所规定的技术指标的能力。

　　远动系统也像其他自动化系统一样，往往要求无人监视，并且应用在重要的生产部门或国防部门中，对于装置的可靠性有很高的要求。一次误动或是失效都有可能引起严重的后果，造成生命和财产的损失。可靠性包括装置本身的可靠性及信息传输的可靠性两个主要方面。

　　远动系统中每个设备的可靠性一般用平均故障间隔时间（MTBF），即两次偶然故障的平均间隔时间来表示。而整个系统的可靠性通常可以用"可用率"来表示。

$$系统可用率 = \frac{运行时间}{运行时间 + 停用时间} \times 100\%$$

式中,停用时间包括故障时间和维修时间。影响系统可用率的重要因素有:设备的质量、维护检修情况、环境条件、电源供电可靠性及其备用的程度等。铁路设计规范要求系统的可用率不低于 99.8%。

目前,一般远动装置平均故障间隔时间要求调度中心达到 5 000 h 以上,被控站达到 8 000 h 以上。

远动信息传输过程中,会因为干扰而出现差错。传输可靠性是用信息的差错率来表示的。

$$差错率 = \frac{信息出错的数量}{传输信息的总数量}$$

差错率包括误比特率、误码率和误字节率,常用误码率来表示。

2. 容量及功能

通常把遥控、遥调、遥测及遥信等对象的数量,统称为该装置的容量。首先,远动装置的容量要满足实际用户的远动化要求;此外,遥控、遥调、遥测及遥信的功能也要可扩。随着技术的发展,远动装置还要完成事件记录,数据处理、信息转发等功能。

3. 实时性

从提高生产效率、加速事故处理的观点出发,对系统实时性提出较高要求是显而易见的。实时性常用"响应时间"来衡量。响应时间是指从发送端事件发生到接收端正确地收到该事件信息的这一段时间间隔。例如,一般远动系统的响应时间,遥控、遥信一次平均传输时间小于 2 s,遥测响应时间小于 3 s,所内事件分辨率不大于 10 ms 等。

4. 抗干扰能力

在有干扰的情况下,远动系统仍能保证技术指标的能力称为远动系统的抗干扰能力。

众所周知,任何信道中都必然存在着人为的或自然的干扰。在自然干扰中最有害的是工业干扰和起伏干扰。此外,在多路传输时还有信道间的路际干扰。因此,在远动系统信道接收端所得到的已不是原来的信号,而是信号 $f(t)$ 和干扰 $n(t)$ 的混合,如图 2-1-3 所示。假如信道的输出端没有特殊的方法把原来的信号 $f(t)$ 分离出来,减免干扰的影响,则在遥测时将造成误差,而在遥控时将有可能发生误动作。

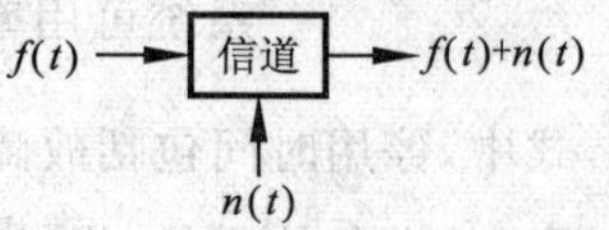

图 2-1-3　通道干扰

增加抗扰度的方法有两种:其一是在信道输入端适当变换信号的形式,使其不易受干扰的影响;其二是在接收端变换环节的结构上加以改善,使其具有消除干扰的滤波和补偿能力。

远动系统的上述主要性能指标对同一系统往往并非同时能够满足,其中存在着矛盾,因此需要权衡利弊,予以选择。另外,远动系统还应具有足够的灵活性,以便使系统能在用途改变或容量变更时,只需稍加改动或简单地叠加一些设备就可运用。远动系统还应在使用维护方便和成本低廉方面有所要求,设计尽可能地简化,使用户在操作上易于掌握和便于日常维护,尽可能降低成本和提高系统可靠性。

2.2　调度主站

调度主站(调度端)是远动系统乃至供电系统的调度指挥中心,装设于此的调度远程监控自动化(SCADA)系统为直观实现调度管理意图提供了强有力的技术支持。

系统采用计算机局域网结构、分布式控制系统,以计算机设备为核心、以功能为模块、以网络节点为单元进行配置。调度主站(调度端)设备主要由冗余配置的双主机服务器、调度员操作工作站、通信前置处理机、网络接口设备、维护工作站、流水打印机、报表打印机、模拟屏、电源系统(UPS 及配电盘)、GPS 时钟系统、连接电缆等部分组成,如图 2-1-2 所示。

冗余配置的目的是提高系统的运行可靠性。冗余设备可有冷备用和热备用两种备用工作方式。所谓冷备用是指作为备用的设备不运行指定的应用软件或干脆就关电待命,待主用设备故障或视需要切换时再投入运行;热备用是指作为备用的设备运行指定的应用软件监视主用设备,一旦发现主用设备故障,即自动切换运行主用程序以接替原主用设备工作,或收到双机切换命令后自动切换为主用设备工作方式,原主用设备切换为备用工作方式或退出运行休整。我们目前采用的均为热备方式。

SCADA 系统以主服务器为核心,通过网络与调度员操作工作站、维护工作站、通信前置机、模拟屏、GPS 等设备进行数据交换,并对各设备工作状态进行监视管理,流水打印机、报表打印机通过打印服务器上网与主机相联。

主服务器、维护工作站、操作工作站、通信机配以相应操作系统(如 UNIX、Windows NT 等操作系统)及监控应用软件,充分利用外设及数据资源,实现遥控、遥信、遥测、遥调"四遥"功能及数据报表统计、记录事故分析等调度自动化管理的各项功能。

主站调度管理自动化系统数据源于调度台调度员的操作命令及被控站采集到的被控对象的有关数据上送信息。前者的远动操作命令称下行命令,后者的上送有效信息部分称上行信息。整个系统围绕下行命令和上行信息展开处理工作。操作工作站作为主要的人机交互界面,接受和初步处理调度操作命令,是下行命令的第一受理者;通信机通过远动通道查询获取被控站有关信息,预处理后通过网络传送给主机处理,因此可以说通信机是上行信息的第一接待站。

2.2.1　主服务器

主服务器系统主要用于数据和网络服务及定时任务管理,进行数据的后台处理,管理实时数据和历史数据,负责网上节点资源的分配、管理和网络信息交换,进行网络信息汇总、组织和派发,为维护工作站、操作工作站提供初加工数据。系统主要由 CPU、内存、硬盘、网卡、人机接口设备等硬件及 UNIX 等操作系统、数据库、应用程序等相应软件构成。

主服务器执行主用程序时具备以下功能模块:

1. 网络服务

负责与通信机、操作工作站、维护工作站、打印机等上网设备的网络通信管理及信息交换。

2. 数据处理

(1)协议支持或规约转换

负责与被控站远动通信规约、模拟屏通信规约及其他设备(如 PC 机、UPS)的网络通信协议的解释及转换,以及进程间通信。

(2)下行命令及上行信息处理

①信息分解;

②数据统计(包括实时数据、报表、曲线点、各种记录等);

③动态存储;

④送工作站显示;

⑤送模拟屏显示;

⑥打印服务。

(3)数据服务

① 向工作站提供实时及近期数据服务;

② 向维护工作站提供数据源;

③ 向备机提供原始数据。

3. 设备监管

① 系统配置管理;

② 系统参数及结构定义;

③ 各设备工作状态监测;

④ 系统运行状态记录。

4. 定时服务

① 定时遥信、遥测、对钟;

② 报表定时处理、打印;

③ 定时检测设备。

5. 进程监管

① 进程状态监测;

② 进程自举；

③ 双机切换。

备机执行备用程序时具备如下功能模块：

① 网络通信：与主机交换信息；

② 数据处理：与主机数据处理相似，但不向外部设备输出信息；

③ 监视主机工作状态；

④ 双机切换。

2.2.2　操作工作站

操作工作站是实施调度作业的人机界面，并集中反映调度意图和效果，监视供电设备运营状态。每个调度台配备两套操作工作站，互为备用。操作工作站由高可靠性的工业控制用 PC 机（配网卡）、大屏幕彩色显示器、鼠标和键盘等人机接口设备、UNIX 等操作系统、应用程序等相应软件构成。

操作工作站监控应用软件具有如下功能模块：

1. 网络通信

与主机交换信息，包括各种操作命令和上行远动信息、设备工作状态信息等。

2. 操作管理

包括远动操作、本地操作和命令管理。

（1）远动操作

远动操作包括遥控、遥信全召、遥测全召、遥调、召取故障记录、故障录波、故障信号复归等操作。

（2）本地操作

本地操作包括各种画面的调出与切换，统计报表（日报、月报、年报、跳闸报、越限报等）的调出与切换，电量曲线的选择显示，记录（包括操作记录、事故记录、预告记录等）的调出显示，对模拟屏的一些操作（如验灯、验警、音警复归、闪光复归等），手动置位开关状态，打印设备（流水打印机、报表打印机）状态标志设置，随机打印报表，记录命令操作,控制权切换,拷屏等操作。

（3）命令管理

命令管理主要针对远动操作,完全由软件完成。命令管理主要是对远动命令进行记忆、超时监视并给出相应提示和处理。

3. 上行实时信息处理

上行实时信息处理包括对上行远动信息进行分解、对网络协议及被控端通信规约进行转换处理、实时信息的存储和显示。

2.2.3 系统维护工作站

系统维护工作站的结构、技术参数和人机接口设备组成及功能要求与调度员工作站等同,并通过网络适配器与计算饥网络相联。系统维护工作站由维护工程师使用,主要用于完成整个系统数据的建立及修改、画面建立及修改、报表生成、以标准数据库格式完成历史数据库的管理、系统运行参数的定义、修改及系统程序的维护和开发。此外,还具有对系统运行状态(包括通道、控制站及被控站设备工作情况)的实时监视、对重要工况参数进行实时打印(如系统各个节点机设备的运行状态、被控站工作状态、通道状态等),可以查看系统的各类记录数据。

系统维护工作站可在调度员工作站无法使用时代替其工作,成为调度员工作站设备的备用,以解决系统运行中发生的特殊情况。

2.2.4 通信前置处理机

通信前置处理机及远动通道线路和设备是连接监控主站与被控站的桥梁,是监控站与被控站的信息纽带。每个监控站可配备两套通信前置处理机,互为备用。通信前置处理机由高可靠性的工业控制用PC机(配网卡、多串口卡等)、彩色显示器、鼠标和键盘等人机接口设备、操作系统等相应软件、主站 MODEM 等构成。

通信前置处理机通信应用软件具备如下功能模块:

1. 网络通信

与主机交换主站下行命令和被控端上行信息及通信设备交换状态信息等。

2. 查询被控端

对所辖被控端进行信息轮询(Polling),查问有无遥信、遥测变位信息、操作信息需上送。被控端如有信息要上送,则应答该信息;否则返回正常应答。

3. 上、下行信息转发

包括对收到信息的筛选、被控端通信规约与网络规约的转换、信息转发等功能。

4. 信道监视

包括对信道的配置、信道状态的监测和误码统计显示等。

5. 模拟被控端

对被控端进行软件模拟,用于主站调试、演示及用户培训。

2.2.5　调度端其他设备

流水打印机对被控站所发生的事件按发生的时间顺序进行流水打印记录。这些记录包括事故记录、预告记录、操作记录、故障测距记录等。一般每个控制台配备一台彩色打印机用于流水打印,其工作状态可在操作工作站上进行命令控制。

报表打印机用于定时或随机打印报表,也可根据调度员的指令随机打印所需分类记录。整个监控主站系统可配备一台彩色报表打印机,其工作状态也可由调度员进行命令设置。

模拟屏用于对被控站状态的同步显示,并有音响报警、闪光报警、光字牌提示、线路带电显示、时钟及安全天数等显示功能。通过模拟屏对整个供电系统进行全线监视。模拟屏目前已经被大屏幕投影设备所替代。

GPS同步时钟系统与卫星对时实现设备时间同步。

配置一面配电盘,可进行两路进线电源自动切换及多回路输出,输出容量应满足用电负荷需要。

UPS采用免维护进口铅酸蓄电池,电池容量满足交流失电后保证30min系统运行。

调度主站的软硬件设备构成也随着生产厂家的不同而略有不同,以上介绍的是常见形式。

2.3 远动系统的通道

铁路供电远动系统一般由设在调度中心的调度端、分布在铁路沿线的被控站及连接它们的各种不同信道组成。在被控站与调度端之间的数据传输和信息交换,是通过数据通信网(习惯称通道)来完成的。远动系统中的数据通信网主要是传输和交换调度人员的操作命令及遥测量、遥信量等信息。因此,要求数据通信具有较强的实时性,较高的可靠性、可用性及可维护性,这是一般系统所使用的数据通信网所不能比拟的。高可靠性的数据通信网是远动系统的中枢神经,它的故障将导致整个监控系统陷于瘫痪。

2.3.1 被控站通信网络结构及原理

铁路供电远动系统的被控站分布于铁路沿线,一般延伸几百公里。它们通过数据通信网中各种信道与调度端连接。由于可使用的信道有限而且费用昂贵,同时,由于信道存在着较大的不规则噪声,为调度端与被控站间的数据通信网的设计带来较大困难。被控站的信道结构主要取决于以下几点:

- 被控站的数量;
- 被控站的遥测、遥信数量及更新速度;
- 被控站的位置;
- 现场提供的通道条件;
- 现场可以使用的通信设备。

2.3.1.1 拓扑结构

通信网常使用的拓扑结构有以下几种:

1. 点对点

这种结构只用在少数非常简单的系统里。因为它对每一个被控站要求有一个调度端和一个信道,一般不常采用,如图 2-3-1 所示。

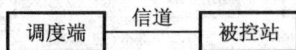

图 2-3-1　点对点拓扑结构

2. 辐射 1-N 结构

这种结构中,一个调度端被多个被控站共享。调度端对各被控站轮流通信,与点对点方式相比,该结构的优点是许多被控站可以共享调度端通信设备,如图 2-3-2(a)所示。

3. 共线式 l-N(总线型)结构

调度端经过共用线通信信道与各被控站相连。每个被控端在信道上都有一个独立的地址。这种结构的优点是分享调度端的通信设备及通信信道,降低通信费用,如图 2-3-2(b)所示。

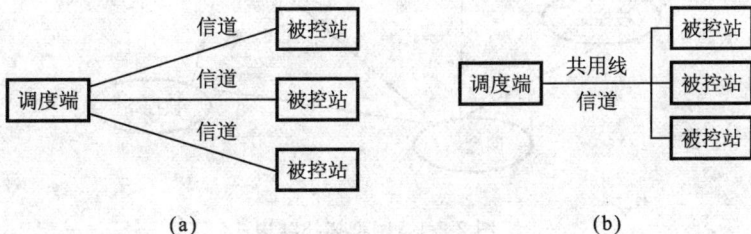

(a)　　　　　　　　　　　　　　(b)

图 2-3-2　l-N 拓扑结构

4. 环型结构

调度端通过两个通信口与远近两个被控站相连。系统中每个被控站两两相连依次连成一个环,每个被控站单元向相邻者传送数据。这种闭环结构的突出优点是网络通信在某一点故障时,不会影响到整个系统通信。除非有两个或两个以上的线路故障点出现,才可能由于双向链路均不通而导致系统通信故障,如图 2-3-3 所示。

5. 网型结构

调度端与被控站可以组成分散的网状信息交换结构。这时传输

图 2-3-3　环型拓扑结构

的单元为一个"报文包",它相应的附加组织单元内组装有一目的地址和一发信地址的一个或几个远动报文的数据内容。来自调度端的报文包由一个被控站传往另一个被控站,这时后续路线将根据目的地址的次序来选择。当个别传输线路故障或繁忙时,传输可以绕道进行,如图 2-3-4 所示。

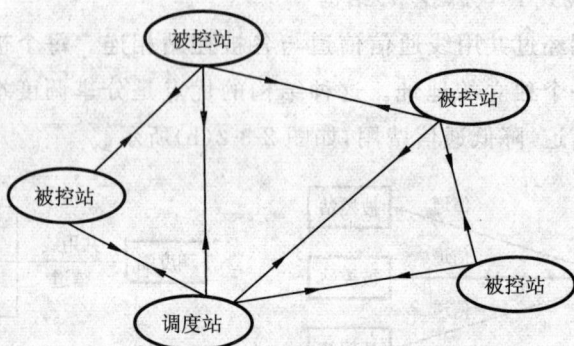

图 2-3-4　网型拓扑结构

监控系统传输的网型结构正处于探索阶段,在国外已有成功应用,采用网型结构时,一节点会有几条路径到达另一节点,可靠性高,但软件设计复杂,投资也相当高。

6. 树型结构

在树型结构中,调度端与各被控站按层次连接。被控站可按功能分布在两层(多层)上。该结构易于扩展,下层节点故障不会影响上层节点,但对于层次较高的节点可靠性要求也高,如图 2-3-5 所示。

7. 双总线结构

这种结构是总线结构与环型结构相结合得到的通信网形式。这

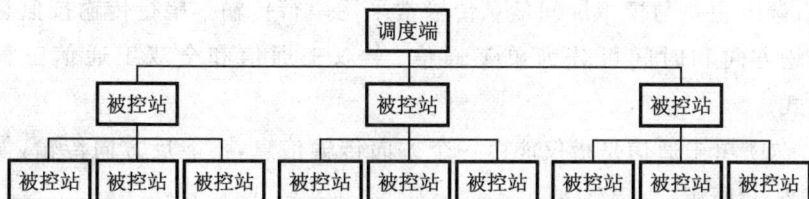

图 2-3-5　树型拓扑结构

种形式兼顾环型结构及总线结构的优点,易扩展、易维护,又能保证系统在某一通信环节出现故障的情况下仍能正常工作,如图 2-3-6 所示。

图 2-3-6　双总线拓扑结构

在设计通信结构时.为了保证通信信道的高可靠性,一般还配备有备用信道。因此,被控站信道常采用环型结构或双总线结构,也可采用几种信道结构的组合。具体采用何种信道结构还取决于现场提供的通信设备条件。

2.3.1.2　数据通信方式

数据信息的传输按每次传送位的不同分为并行传输及串行传输两种方式。

1. 并行传输

数据信息并列几位同时传输称为并行传输。其特点是传输线多、距离短、速度快。例如,远动监控系统中的画面拷贝打印机一般通过并行接口与计算机相连,通过并行传输完成画面拷贝。

2. 串行传输

串行传输即将数据信息按时间顺序一位一位地传送。其特点是传输线少,距离可以远一些。例如,远动监控系统中调度端与被控端间,调度主机与模拟屏间信息传输常采用串行传输。串行传输按信息传输方向和时间可分为单工通信、半双工通信和全双工通信三种方式。

① 单工通信是指仅能由一个方向传输信息,不能反方向传输,如图 2-3-7 所示。

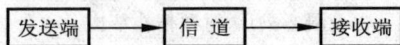

图 2-3-7　单工通信方式

② 半双工通信是指信息可以双向传输,但不能同时传输,可在任一通信时刻,只能向一个方向传输,如图 2-3-8 所示。

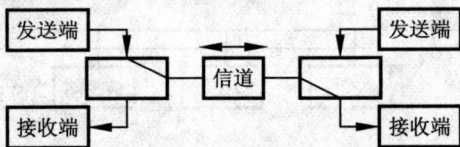

图 2-3-8　半双工通信方式

③ 全双工通信是指通信双方可同时进行双向传输信息。两个传输方向完全独立,如图 2-3-9 所示。

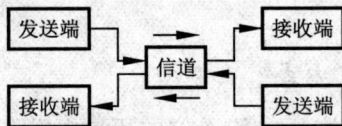

图 2-3-9　全双工通信方式

在串行传输中要保证发送信号在接收端能被正确接收,一般须采用数据同步技术。常用的同步技术有两种:异步传输及同步传输。

2.3.1.3 信息交换方式

在远动监控系统中信息都以数字形式传送,一组数据表示一定的监控信息,称为一个监控字。监控字的一般结构如图 2-3-10 所示,其中用户数据是指要传送的数据如遥信状态数据或遥测数据等,标志用于表明该监控字的特征。为了使各监控字能互相区别,给各监控字设置了序号,也称地址码,监督码元用来提高抗干扰能力。

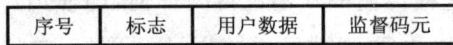

序号	标志	用户数据	监督码元

图 2-3-10　监控字结构

若干监控字可组成一帧,图 2-3-11 是帧结构示意。帧的开头有帧分界符,作为一帧开始的标志。接着就是控制字,控制字可用来表明这一帧信息的原发站与目的站的地址,还可用来表明这一帧信息的特征,如帧的类型(遥信、遥测)、帧的长度(字节数)等。

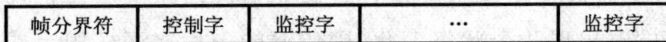

帧分界符	控制字	监控字	…	监控字

图 2-3-11　帧结构

远动系统中调度端与被控站之间通常以帧为单位进行通信。由一帧或若干帧组成的一个传输单元称为报文或消息(message)。一般把由调度端发往被控站的报文称为下行报文,相应的信道称为下行信道,把由被控站发往调度端的报文称为上行报文,相应的信道称为上行信道。

远动系统信息交换方式是指一个微机监控系统中信息传输的过程及报文的组织顺序。远动系统信息交换方式有以下几种基本类型。

1. 循环工作方式

循环工作方式指被控站的遥测量和遥信量以预先确定的固定不变的顺序循环,周而复始地传输。这种传输与被控站过程中的状态变化无关。信息可由一个较长的报文构成,也可分为若干个报文,按一个固定的顺序重复发送。这种传输方式不需调度端干预。传输信息时只需使用单工信道。由于是循环发送,因此当传输出错时,不需重发,可以用下一循环中的数据来补救。当调度端到被控站不需传输命令信息时,监控系统可采用循环工作方式。

循环工作方式的传输延时与一个循环中发送的监控信息数量有关,数量越多,传送的延时就越长。于是,可能出现状态变化的监视信息只有当传输循环重新返回到相关的信息位置时才会被传输,这意味着传输延时最大可达一个全循环时间,调度端可能不能及时捕捉到遥信变化。此外,这种传输模式不论情况如何,即使用户数据毫无变化,也照样循环不停地向调度端发送数据,因此在正常情况下,信道的有效利用率不高。

2. 自发工作方式

自发工作方式只有在被控端要传输的监控信息发生变化时(例如开关位置状态发生变化,测量量的变化超过给定范围等)才向调度端发送。当被控端要传输的监控信息无变化时,不传输信息,当一个变化"c"出现时,被控站发出一条包含变化信息的报文。在自发工作方式下,若同时出现几个状态变化,则传输的先后次序按固定的优先权确定(如报文地址的顺序)。

采用这一工作方式传输时,受到干扰的报文不会自动重发。因此自发工作方式要求一个双工信道,以便调度端收到干扰报文后能发出重发报文请求。

自发工作方式减轻了正常运行情况下的信道负担,但在异常情况或事故情况下传送的工作量将大量增加,为避免信道拥挤,可采用按优先级分批传送等办法来缓解。

自发工作方式通常和其他工作方式组合使用。

3. 询问工作方式

循环工作方式和自发传输工作方式都是以被控站作为主动方来传送信息的。与此相反,询问工作方式是以调度端为主动方发送信息。由调度端向被控站发出命令报文,被控站按调度端请求内容发送有关信息。这种工作方式通常是以问答方式进行通信,故也称问答式工作方式。

在询问工作方式中,调度端可以要求被控站发送某一监控信息,也可以要求发送某些类型的信息等,工作方式灵活。询问工作方式要进行双工通信,因此需要双工信道。询问工作方式不仅适用于点对点信道结构,也适用于其他(如共线结构、总线结构、环型结构等)信道结构,因此对信道结构要求较低。调度端可轮流与被控站进行问答通信。调度端所发命令中带有目的站地址,因此只有被叫站作出应答,其他站不会受理。当调度端查询到某被控站时,若该被控站有信息上送,则上送相应信息,若无信息上送则上送正常应答字。

询问工作方式通常由调度端逐一轮询各被控站,若调度端有下行命令下发,则下发下行命令,若无下行命令下发,则下发查询命令,如此循环不息。循环一周需要一定时间,如果某被控站有事件发生,但由于传送信息的主动权在调度端,当调度端未查询到该站时,该被控站的信息将无法立即上送调度端。为了使调度端及时掌握各被控站是否有事件发生,应采取辅助措施。例如,在被控站给调度端回答信息中附加标志来表明是否有紧急情况要发送。此外,在遥控操作时,由于遥控是两步操作(先选择,再执行),调度端可能要发多次命令和查询,才能获得一次遥控操作的全部信息(如选择成功,位置信号变位等)。当调度端需查询的被控站较多,且较多的被控站有信息要上送时,循环一周的时间较长,导致完成一次遥控的时间增长。为了解决这一矛盾,可在控制过程中对要进行遥控的被控站插入几次查询命令来解决。

4. 混合工作方式

混合工作方式有多种形式,如循环/自发工作方式。混合工作方式结合了循环及自发工作方式的优点,在点对点信息交换中被控站以循环工作方式传输测量量,以自发方式传送遥信变位信息。当被控站被监控信息无变化时,测量量报文将按一个固定的顺序循环地传输。只要过程中有一监控信息状态发生变化"c",则在正在发送的报文结束之后,循环中断,插入包含监视状态变化的报文。若在此时出现了多个变位信息,则具有较高优先权的报文最先被发出。全部监控变位信息报文发送结束后,循环传输继续进行。此外还可有询问/自发工作方式、循环/询问/自发工作方式等。在循环/询问/自发工作方中,可按循环工作方式传输测量值,按自发方式传输监视信息,按询问方式传输表计读数等。在使用循环/询问/自发工作方式时,必须要确定一个优先准则,定义自发产生的询问要求同时出现时的先后次序。

2.3.1.4 通信协议

通信协议分面向数据链路的底层协议和面向应用的高层协议。现在主要讨论面向应用的高层协议。远动监控系统中调度端要向被控站发布控制命令,而被控站要上送遥信、遥测等监控信息,因此监控数据的传送需要按某种约定的格式进行,即无论是调度端还是被控站,要使数据能够正确收发,必须遵循一定的格式。如传输速率、同步方式、数据结构等称为通信协议(通信规约)。通信协议是描述计算机系统之间进行数据交换而建立的规则、步骤和约定。通信协议应由下列三部分组成:

语法:规定通信双方彼此"如何讲",即确定协议元素的格式,如数据控制信息的结构或格式。

语义:规定通信双方彼此"讲什么",即确定协议元素的类型,如规定通信双方要发出何种控制信息,执行什么动作和返回什么应答等。

定时关系:规定事件执行的顺序,即确定通信过程中通信状态的变化,如规定正确的应答关系等。

目前,在远动监控系统中普遍使用的通信规约有两种,即循环式传输通信规约和问答式传输通信规约。

1. 循环式传输通信规约

循环式传输是基于循环工作方式,特点是被控端为主动方,循环不断地向调度端发送遥测、遥信等数据,即被控端按通信协议规定及时组织好要发送的数据,然后按字节逐一交给串行通信接口,再经调制解调器发往信道,调度端按规定的格式逐一接收。

循环传送规约采用可变帧长,多种帧类别的传送方法,工作方式比较灵活,功能有扩展余地。此外,还具有一定的自发传送及问答式功能。当被控站有遥信变位时可插入优先传送,调度端可向被控站发下行命令(如遥控、对钟、召被控站工作状态等),被控站执行命令并作出相应回答。

2. 问答式传输通信规约

问答式传输的主要特点是调度端掌握通信的主动权,被控端不能主动发送信息,而是按调度端的要求发送,调度端可以按需要指定被控站传送某一个或某一类数据,传送有差错时调度端可以要求重传。问答式传输在被控站有遥信变位、遥测越阀值等情况发生时,与循环式传输不同的是这些数据不立即发送,而是先存储,等调度端查询到该站时,被控站才发送。

问答式通信规约适用于调度端与一个或多个被控站进行通信。该规约适用于多种信道结构(点对点,总线型、环型等)。其信息传输方式为异步方式,报文内容是以字节为单位,附加启动位、奇偶位和停止位。

被控站有许多种类的数据,传统的问答方式是调度端要求什么数据,被控站上送什么数据。为了提高系统的实时性,一般可对这些数据定义其上送的优先级,调度端不发下行命令时,可发"查询"报文,不必指定查询数据的种类,一旦被控站有数据变化,可按优先级组装上送给调度端。调度端按上行命令的类型分别处理。

在有干扰的情况下,如调度端下发查询(命令)报文,被控站未能收到,调度端在一定的定时间隔内不能收到响应,将再次向该站发查询(命令)报文(重发次数可设定)。若调度端收到的信息校验不正确,也可要求被控站重发前次上送信息。

2.3.2　通信信道

在远动系统中,信息传输是一个重要的环节。被控站所采集到的各种运行参数和状态,必须实时地传送到调度中心,而调度中心所发出的各种命令,也要及时传送到各被控站,承担该重要使命的就是监控系统的传输信道及相关的通信设备。可见,信道及通信设备起到监控系统神经的作用。远动系统的信息传递过程可用图 2-3-12 表示。它是将发送端二进制数据序列,如遥控、遥调和召测等下行信息序列,或遥测和遥信等上行信息序列,经过信道远距离地传送到接收端,并且在接收端被正确无误地恢复成发送数据序列的原形,以便接收端执行命令或输出显示。

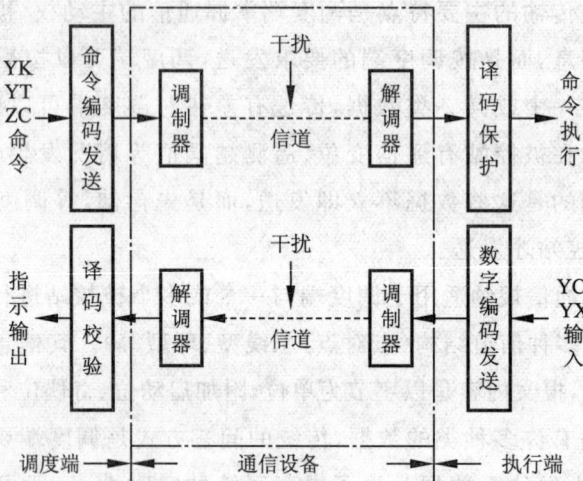

图 2-3-12　远动信息传递过程

　　监控系统的信息传输,是靠通信设备来实现的。一般地说,通信设备包括将二进制数据序列转换成数字波形的调制器,含有各种干扰的通信线路即信道或称通道,以及将数字波形恢复成数据序列的解调器。把信息加到载波上,变成已调信号的过程称为调制。产生调制波的最常用办法是用音频正弦作载波。已调信号经过远距离传输后,在接收端用解调器从已调信号中恢复出原信息,这个过程称为解调。之所以要采用调制与解调,一是因为由计算机产生的上、下行信息经编码后仍是数字信号,如果将此数字信号直接在某些通道(如音频实回线)上进行长距离传输,将产生严重的波形畸变而导致严重误码,甚至无法通信;二是便于实现通道的复用。

　　通信设备是远动系统最重要的组成部分之一。远动系统动作的精确度和可靠度,在很大程度上取决于信道质量的好坏。在远距离传输时,建造通信线路所需的费用很大,因此,远动系统的总体设计,在保证通信设备高度可靠和处于最佳工作状态的前提下,必须最合理地使用各类信道。

2.3.2.1　频分信道（FDM）和时分信道（TDM）

为了经济地利用信道，可以利用频率变换或调制的方法，将若干路远动信号搬移到信道所占据频谱的不同位置，在同一信道上同时发送。传输到接收端以后，再利用接收滤波器把各路信号区别开来。据此，可建立频分多路通信，相应的信道就称为频分信道。在监控系统中，上行信息和下行信息共用一对通信线路的工作方式，就是一种频分信道的例子。

此外，根据采样原理，将一个一定带宽的连续信号采样后，它就变成了一串离散的脉冲，在时间上被离散化了；再经过量化，在数值上也被离散化了。但不论量化与否，仿照频分多路通信的原理，可以将两相邻样点间的时区划为若干份，轮流传输其他信号，这就形成了时分多路通信，相应的信道称为时分信道。频分信道和时分信道可以是有线线路（普通电缆或低电容对称电缆、同轴电缆、光纤）、无线线路（散射、微波中继），也就是说，它们都可以作为频分信道和时分信道的传输媒介。

2.3.2.2　模拟信道和数字信道

以上是根据信道复用的形式，把信道分为频分和时分信道。按照允许传输的信号类型，信道又可分为模拟信道和数字信道。模拟信道可以传输连续的模拟信号，其典型例子有模拟电话信道。一般来说，模拟信道的频带较窄，如音频线路，其频带为一个音频话路（300～3 400 Hz）。由于数字信号的传输会占用较宽的频带，因此，要在模拟信道上传输时，需要对数字信号进行调制和解调。模拟信道质量的好坏，可用信号在传输过程中的失真和输出信噪比来衡量。

数字信道可以通过离散的数字信号，其典型例子有数字电话信道。数字信道一般属于宽带信道，其频带较宽，且常采用时分复用方式，如目前用的最普通的数字光纤信道。

此外，按传输媒质的不同，信道还可分为有线信道和无线信道，有线信道包括架空明线、对称电缆、同轴电缆以及光纤等。无线信道包括微波或短波信道、卫星通信以及各种散射、反射等无线传输信道。

2.3.2.3　数字基带传输与频带传输

原始的数据信号不仅有包含直流分量在内的低频分量,而且还含有包括许多其他频率成分的谐波分量,它所占用的频带称为基本频带,简称基带。因此,我们把原始的数据信号(由数据终端设备产生的二进制数据信号)称为数字基带信号。基带信号的频谱是包含直流分量在内的低通型频谱。直接利用基带信号通过传输信道进行传输的方式称为基带传输,以基带传输方式实现通信传输的系统则称为基带传输系统,数字光纤通信系统就是一种典型的基带传输系统。

与基带信号对应,可以利用载波(如正弦波)对基带信号进行调制,将信号频谱搬移到载波频率附近的一个频带内,我们把这种调制后的信号称之为频带信号,其频谱为带通型频谱。利用频带信号进行数据传输的方式,称为频带传输,以频带传输方式实现的通信传输系统就称为频带传输系统。载波通信系统就属于频带传输系统。

对于很短的距离(几米至几百米),微机输出的二进制电压或电流,经过接口电路(如 RS-422,RS-232 等),可直接在线路上进行传输。若距离较远,如几公里至十几公里时,可加基带数传机。另外还有一种基带信号的传输方式是利用电流环。在速率不高时,利用电流环也能传输几公里而且抗干扰性能也较好。基带传输方式其信道为非加感的实回线,如架空明线、双绞线、市内电缆等。当然,光纤数字通信也属于基带传输。

当通信距离为几公里至几十公里时,常采用频带传输方式,即加设调制解调器(Modem)。

在这里,简要介绍一下基带数传机的原理,基带数传机有时也通俗地称为基带 Modem。我们知道,数据传输的任务是保证良好的传输质量,即可靠而有效地传输,错误少,效率高。其首要条件是优良的传输电路。但是,任何传输电路都不可能很理想,即总有缺陷。例如带宽总是有限的,是低通或带通特性,而数字数据信号所具有的频率成分非常广,即带宽是很宽的。所以,数据信号通过传输电路时,总要损失一部分频率成分。这样,发送端原来的脉冲信号(上升沿和下降沿很陡的信号），在接收端变成了具有圆滑波形（上升沿和下降沿缓慢变化）的信号，而且产生了如图 2-3-13 所示的拖尾现象。再有，传输电路的频率特性也不是理想的，即对各频率衰减的大小也不一样，相移特性不是线性相移（即对各频率的传输延迟不一样），从而使接收端的数据信号波形产生失真（畸变）。并且，在线路中肯定会加入噪声，也会干扰所传输的数据信号。因此，基带数传机的设计正是要针对上述不理想的情况采取相应的措施，以确保数据信号的传输质量。

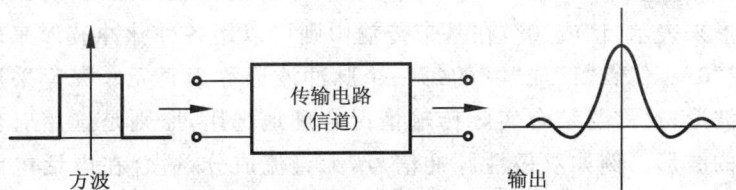

图 2-3-13　频带受限时的输出波形

基带数传机的一般原理框图如图 2-3-14 所示。

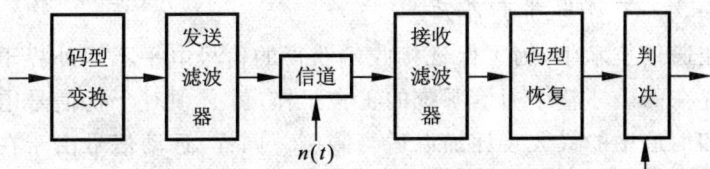

图 2-3-14　基带数传机原理框图

　　数据信号的传输质量与话音信号的传输质量要求不同。对于数据信号的传输来说，要求在接收端判决电路之前的信噪比足够大，取样值与判决门限比较后就能正确地恢复出原数据信号。因此，在数据传输中我们关心的是判决电路之前的信号。信号频带受限，波形产生拖尾，该拖尾在传输中就会干扰其他数据信号（数据信息由一系列数据信号表示，我们称之为数据序列），这种干扰我们称为码间干扰。为了消除码间干扰，就要按奈奎斯特准则对数据波形进行变换——码型变换（也称为波形形成），借以使产生的拖尾不影响接收端判决点的取样值，这样即可消除码间干扰。例如在发送端制作一个网络，使数据信号的单极性码（二电平）变换成双极性的三电平码（正、0 及负），在代表数据信号中心最大值处取样判决,即可消除拖尾对数据信号的干扰影响。同时,为了消除传输中加进的噪声影响,用接收滤波器滤掉带外噪声。因此,基带数传机的作用主要是进行码型变换和滤除噪声,同时为了加大传输距离,对信号要进行驱动,提高信号功率。有时为了简化设备,在低速数据传输中只对信号进行驱动,该设备有时称为长线驱动器。

我们知道,数据信号是由二进制码序列构成的,而每个二进制码用电信号来表示"1"或"0"的形式是多种多样的。也就是说,可以用各种波形来表示"1"或"0",在基带传输中则可以用各种脉冲波形来表示"1"或"0"。代表"1"或"0"的每一个脉冲波形称为码元。究竟采用哪一种波形,这需要结合实际传输情况合理地选用,原则是选用对传输有利的波形。例如双极性脉冲信号,无直流成分,适合在电话电路中传输。又如多电平信号效率高,但判决门限小,不适宜在噪声大的电路中传输。脉冲波形也不一定是矩形的,例如可以是三角形脉冲波形或升余弦形脉冲波形等。

2.3.2.4　干扰电平和允许电平

在通信技术中,为了保证接收端获得的信号电平不因外界干扰信号的存在而破坏整个通信系统的正常工作,就必须对干扰信号电平的大小和信道中的最大衰耗加以适当限制。同样,远动信号由于在线路中存在一定的衰耗,这就要求远动装置发送的信号具有较高的电平。但如果通过较长的线路,在接收端的信号电平会很微弱,而线路噪声电平虽然很小,却与信号电平可以比拟.这就存在着从干扰中分辨出信号的问题。因此,远动装置接收灵敏度取决于信噪比(输入信号与噪声功率之比)的数值。

2.3.2.5　接收端设备与信道的连接

当远动系统使用有线信道时,由于通信线的类型(对称电缆、同轴电缆等)、导体材料以及绝缘的不同,它们的一次参量和二次参量相差很大。所以,信道的各项指标以及如何与接收端设备的连接难以具体叙述,只能在以下三方面做些原则性的说明。第一,用有线信道时,由于通信线在全频域和全时间区间内都可以利用,所以可组成频分信道或时分信道,也可以组成频分和时分的混合信道。但是,不论时分信道还是频分信道,都要注意频带的选择,选择频带时须考虑到通信线的衰减和相移特性;第二是阻抗匹配问题。也就是在选择的频带内,力求特性阻抗的绝对值接近于常量,幅角接近于零,以利于与接收端设备的输入与输出阻抗相匹配;第三是接收端设备输出电平的选择。电平选择过低,将使接收端的输入信噪比降低,使误码率升高。同时输入电平受到相邻信道的限制,电平过高,将使相邻信道受到的干扰增大,降低了在该信道中传输的信号质量。由此看来,以上所提出的三点是互相联系的,要全面考虑。

2.3.3 通信线路

2.3.3.1 音频线路

在目前的远动监控系统中,音频线路广泛地被用于远动通道。由于音频线路的频带宽度较窄(300~3 400Hz),因此只能用作中、低速的模拟信道。

音频线路主要有架空明线和对称电缆。由音频线路提供的话路通道有专用线、租用线和交换网话路之分。专用线是指专门为远动通道提供的音频线路,而租用线表示从交换网专门租用的一个话路作为远动通道,该话路在租用期内不会被其他电话占用。交换网话路即是由交换网提供的一般电话话路。目前广泛采用专用线作为铁路远动系统的传输通道,以保证信息传送的实时性和可靠性。

2.3.3.2 光纤信道

光纤通信是 20 世纪 70 年代兴起的一门新技术,由于它具有可用频带宽、通信容量大、中继距离长、抗干扰、抗辐射、重量轻、节省金属等一系列优点,因此获得了飞速的发展。尤其在电力和铁路部门中,由于它除了上述优点以外,还彻底克服了强电对通信的电磁干扰,避除了通信设备遭受地电位升高的危险等,因此在远动系统中,获得了越来越广泛的应用。

光纤通信系统的构成如图 2-3-15 所示,它由光端机、光缆和光中继装置构成的。它常同多重变换装置组合使用,将各种信息变成光信号给以传送。

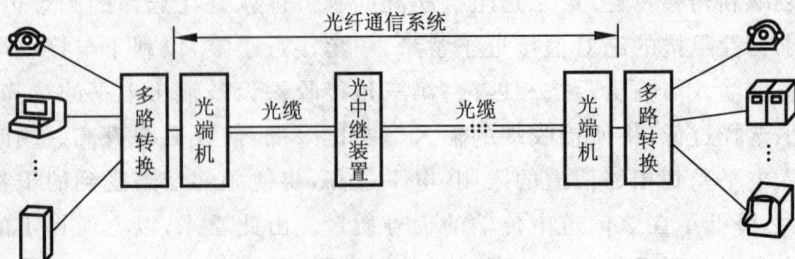

图 2-3-15　光纤通信系统的构成

光端机是将电信号变成光信号的变换装置。它采用将电信号变换成光的强弱的光强度调制 IM(Intensity Modulation)方式。

光中继装置,是将因传输而强度衰减的光,再一次转换成电信号,放大后,再转换成光信号,以便于长距离传输。

2.3.3.3　无线信道

上面介绍的音频线路、光纤信道均属于有线信道。有线信道是远动系统的主要信道。在一些不便使用有线信道的情况下,如区间开关的监控系统,也采用无线信道。无线信道也可用于监控系统的主信道或备用信道。如 GSM-R 移动通信系统。

无线信道包括短距离直接传输的无线电信道、通过微波中继的微波信道以及通过卫星中继的卫星信道等。

1. 无线电信道

一般称波长为 0.001~1.0 m、频率为 300 MHz~300 GHz 的无线电波为微波。这里所称的无线电信道是指微波以下频段的无线电信道。这种无线电信道适宜于短距离、直接传输。常用的无线电信道频率一般为几十兆~几百兆赫兹。

由计算机产生的数字信号,经调制器调制成音频信号,送给无线电发射机(无线电台)调制,再经发射天线传送出去。无线电接收机(电台)将天线接收到的信号解调成音频信号,再送给解调器解调以还原成数字信号。

2. 微波中继信道

我们把微波波段的无线电信道称为微波中继信道。由于地球表面是球面,所以微波传送时必须每 40km～50km 置一个中继站,按接力的方式,一站站地传送下去,这种传送方式称为微波中继通信。

微波中继通信的优点是:微波频段的频带很宽,可以容纳许多无线电频道且不互相干扰。所以微波收发信机的通频带可以做得很宽。一套设备作多路通信,通信稳定,方向性强,保密性好,不易受干扰,成本较有线通信低。

微波中继站分为有源和无源两种,无源中继站实际上是一种改变微波方向的装置,像有高山阻隔时,微波不能通过,故常采用无源中继方式,在高山处加装反射板改变微波行进方向来解决。有源中继站实际是微波放大站,将因传送衰减的微波,再增加功率使其传送的更远。

卫星通信也属于微波通信,中继站设在与地球同步的人造卫星上。由于卫星通信不受地形和距离的限制,所以通信容量大,不受大气层骚动的影响,通信可靠性高。卫星通信的频段上行为 5 925MHz～6 425MHz,下行为 3 700MHz～4 200MHz。随着卫星通信技术的发展,卫星通信在微机远动监控系统中将得到越来越多的应用。

2.4　远动智能监控装置

远动智能监控装置(即被控端)主要完成被监控对象的测量、监视、控制、调整,即传统的遥测、遥信、遥控、遥调四遥功能,有的还具有故障录波、故障曲线、故障判断和故障切除等扩展功能。

根据铁路供电远动系统的现状,把远动智能监控装置分成两类,分别是信号电源及高压开关智能监控装置和变配电所智能监控装置。

2.4.1　信号电源及高压开关智能监控装置

根据监控装置与被监控高压开关的安装位置的不同又分成两种,一种是分离布置,一种是集中布置。采用分离布置,一般是为满足监控装置的运行环境要求,将其安装于信号机械室内,被控的高压开关可以是室外柱上开关,也可以是箱变内开关,被控的低压开关一般随监控装置一并安装于信号机械室内。采用集中布置,是将监控装置与被控高、低压开关集中布置于箱变内,从而减少了控制电缆的长度。

2.4.1.1 信号电源及高压开关智能监控装置简介

智能监控装置是对信号电源及高压开关进行监视和控制的,为了使讲述具有连贯性,我们将被控的信号电源部分及高压开关部分随智能监控装置一并介绍。

1. 智能监控装置(又称 FTU)

不管是何种形式的监控装置,它的基本结构都是相似的,一般都具有电源、主控、遥信、遥控、遥测等部分。随着监控装置的发展,其逐渐向模块化方向发展。电源模块实现外电源的引入,通过内部变换,为装置提供本身工作所需电源;主控模块主要实现与调度主控站的通信、各种规约的转换、管理其他模块及各种扩展功能的实现;遥信模块主要完成对开关量的采集和变换,并与主控模块通信;遥控模块接收主控模块的遥控命令,通过输出端口,控制开关的分、合闸操作;遥测模块主要完成对模拟量的采集和变换,并与主控模块通信。其结构根据现场安装条件和设计年代不同,形式也不同,主要有各功能板层叠布置和各功能模块插拔布置两种形式。

智能监控装置主要具备以下功能:

① 通信功能:具备与远动主控站的通信以及各功能模块间的通信功能。支持一种或多种标准的通信规约,有的还支持自定义规约。

② 遥信功能:采集被监控的高、低压开关位置状态,故障遥信等,支持遥信 SOE 功能。

③ 遥控功能:具有两级或多级遥控输出,可对被控开关进行遥控分、合闸操作。

④ 遥测功能:采集电压、电流等模拟量,经处理后上送主控站。一般采用遥测越阀值上送模式,具有遥测量越限报警功能。

⑤ 故障录波功能:在满足录波启动条件时,启动录波,按瞬时值

记录启动前后数个周波的遥测量。

⑥ 远程整定功能：可远程对装置的越限定值、故障录波条件等参数进行整定下发。

⑦ 数据处理功能：可对采集的各类数据进行处理，并分类存储。

⑧ 自诊断及自启动功能：一般具有上电自检功能和自启动功能。

⑨ 维护和调试功能：具有现场维护和调试接口，满足现场调试的需要。

⑩ 时钟同步功能：支持与 GPS 时钟同步功能或接受来自主控站的软件对时功能。

2. 信号电源部分

信号电源部分是对信号两路电源进行监视和控制的，一般安装于信号机械室内，如果智能监控装置与高压开关是集中布置的，则信号电源部分布置于远动箱变的低压室内，在信号机械室内不再安装。

信号电源部分主要实现的是三遥功能，即遥控、遥测和遥信功能。遥控功能是接收智能监控装置下达的分、合闸命令，实现低压开关的分闸和合闸操作；遥测功能是采集两路低压电压、电流，并送给智能监控装置；遥信功能是采集开关的位置状态、开关故障状态、当地/远动位置状态等，并传送给智能监控装置。

3. 高压开关部分

高压开关部分安装的目的主要是为了对铁路 10kV 自闭、贯通线路进行分段，以方便故障区段的查找，减短故障的处理时间。

其功能主要也是实现三遥功能，这里不再赘述。

2.4.1.2　信号电源及高压开关智能监控装置结构与原理

为了便于理解，下面分别以现在运行的几种信号电源及高压开关智能监控装为例进行结构与原理的介绍。

1. 各功能板层叠布置

这种监控装置是较早出现的，集成度不高，为了减小体积，各功能模块层叠布置，出口继电器分散排列。典型的代表是京广线和京九线石家庄供电段管内的设备。其中京广线高压开关采用的是室外柱上高压开关，信号电源部分和监控装置布置于信号机械室内。

本节以京广线为例着重介绍各功能板层叠布置的智能监控装置的结构和原理。一般习惯将安装于信号机械室内的监控装置称为FTU,其信号电源部分称为开关箱,室内柱上开关的控制部分称为高压开关控制箱。

(1)开关箱结构及原理

开关箱结构示意图如图 2-4-1 所示。

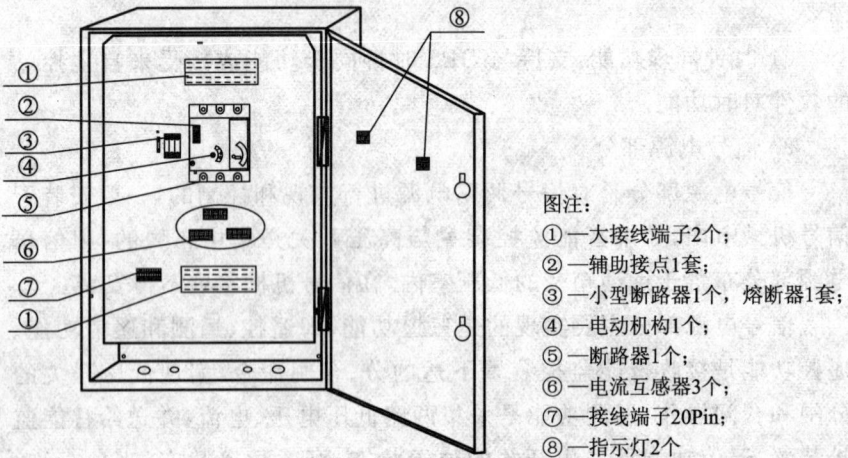

图注:
①—大接线端子2个;
②—辅助接点1套;
③—小型断路器1个,熔断器1套;
④—电动机构1个;
⑤—断路器1个;
⑥—电流互感器3个;
⑦—接线端子20Pin;
⑧—指示灯2个

图 2-4-1 开关箱结构示意图

自闭和贯通回路各安装 1 台开关箱,开关箱内有进出端子排 2 个、断路器 1 台、电动机构 1 个、辅助接点 1 套、电流互感器 3 个,小型断路器 1 个,熔断器 1 套、接线端子排 1 个,指示灯 2 个。

开关箱的原理如图 2-4-2 所示。

开关箱中断路器用于控制信号回路的通断开关,带有电动操作机构,具有远动功能;电压采样回路设有熔断器保护,采集断路器出口的相电压;电流采样由互感器引出,采集三相电流;断路器的辅助触点表征断路器的分、合闸状态,并将状态量传送到监控单元;小型断路器为FTU 箱提供电源;熔断器和指示灯为进出线有电指示回路元件。

(2)FTU 箱结构及原理

FTU 箱结构示意图如图 2-4-3 所示。

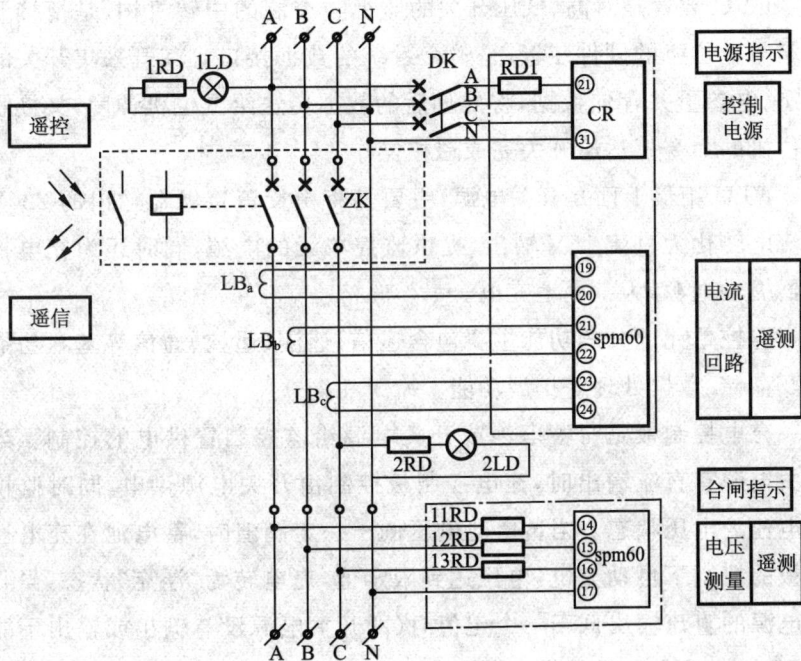

图 2-4-2　开关箱原理图

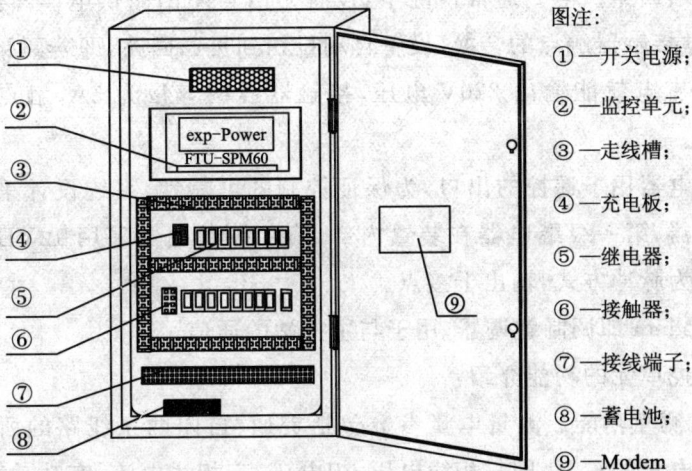

图注：

① —开关电源；

② —监控单元；

③ —走线槽；

④ —充电板；

⑤ —继电器；

⑥ —接触器；

⑦ —接线端子；

⑧ —蓄电池；

⑨ —Modem

图 2-4-3　FTU 箱结构示意图

FTU 装置是对高、低压开关的监视与控制的中转机构,是衔接开关箱与上位机的硬件装置,是整个系统的数据接口。其既采集开关的状态、电参量并存储数据,将处理后的数据传送给上位机调度,又接收上位机的命令下达给开关完成遥控操作。

FTU 箱最上面是开关电源,主要是将由交流接触器输出的 220V 交流电转化为直流 15V 输出,提供监控单元的电源;同时还为充电控制器提供电源,为蓄电池充电。

监控单元部分的功能主要包含遥信、遥测、遥控、通信等基本功能以及存储、数据处理等扩展功能。

充电控制板是对蓄电池或开关电源给监控装置供电的控制。当开关电源有直流输出时,充电控制板控制由开关电源供电,同时监视蓄电池的电压状态。当蓄电池电压低于一定阀值时,蓄电池在充电控制板的控制下自动充电,电压达到限定值,充电转为"浮充"状态,当开关电源的直流输出低于一个定值时(即开关电源没有输出或输出不能使用)转为蓄电池进行供电,其原理可类比于 UPS。

接触器实现 FTU 两路交流电源的互倒,监控单元由自闭回路供电或贯通回路供电。通常情况下,设备是由自闭回路供电,若自闭断电,通过接触器触点的转换,设备自动投切到贯通回路,即若两路只要任一路有电就能输出 220V 电压,接触器线圈容量为 5A,触点容量为 16A。

继电器用于遥控的出口,为保证控制的可靠性,系统设计采用两级继电器,第一级继电器在装置内部,第二级继电器采用 12VDC,控制方式为脉冲方式,输出干接点。

Modem 即调制解调器,用于与主控站的通信。

监控单元的功能介绍:

① 测量功能。测量电量参数包括贯通、自闭两条线路的所有三相交流电量的量测,即三相线电压、相电压、三相线电流、有功功率、无功功率、功率因数、频率等;非电量的量测,如温度、脉冲计数、湿度等。

② 开关状态监视与控制输出。八路输入(DI),其既适合无源干

接点也适合有源湿接点输入,SOE 的分辨率为 1ms,可以精确地对开关顺序记录,进行故障分析、事故追忆;遥控八路继电器的控制输出(DO),实现远动控制。遥信采用光电隔离,遥控采用两级遥控。

　③ 事件记录与录波。监控装置可以将开关动作、参数越限设定为触发条件,触发条件成立,则进行事件记录或波形记录。事件记录将触发的时刻、事件类型、相关参数、状态一并记录存储,波形记录会将触发时刻、触发点前 5 周及其后 5 周的各通道波形真实地记录下来。事件现场波形如图 2-4-4 所示。A、B、C 三相的具体显示详见附录 B 彩图。

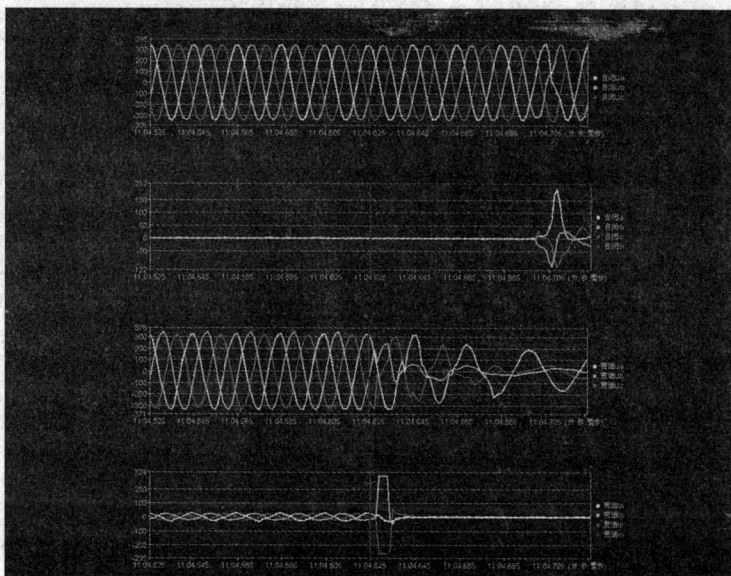

图 2-4-4　低压开关跳闸录波图

　④ 通信功能。监控装置具有两个标准的 RS232 接口和一个用户维护接口,三个串行口均支持 19.2Kbps 的通信速率。用户维护接口用于在线配置和设定监控装置的内部参数。

　与主控站的通信方式:京广线原通信方式为音频模式,后改造成网络数据平台业务,但 FTU 本身仍为 RS232 串口通信,通过串口服务器转换成网络接口传输,最高速率为 19.2Kbps。

(3)高压开关及控制箱

每个车站(不含有配电所的车站)的自闭、贯通线路上各安装高压柱上远动负荷开关 1 架,用于将自闭、贯通线路进行分段,以利于故障查找。远动开关的控制部分安装在远动开关控制箱内,控制箱安装在远动开关的下侧,实现开关的当地控制,并通过控制电缆与信号机械室内的 FTU 相连,实现调度对远动开关的远程监控。

高压开关外形如图 2-4-5 所示,是两相或三相带电流互感器的真空断路器,其特点是采用电磁＋弹簧＋电容独特的结构设计作操作机构,故障率较低,高可靠程度和结构形式相当于永磁机构。

高压开关控制箱如图 2-4-6 所示。

图 2-4-5 远动高压开关   图 2-4-6 远动高压开关控制箱

控制箱主要由保护回路、主备电源转换、合闸控制回路、分闸控制回路、合闸回路、分闸回路、信号回路等组成,采用不锈钢箱体。控制箱与高压开关采用一条 17 芯控制电缆连接,控制箱与 FTU 采用 14 芯控制电缆连接。原理图如图 2-4-7 所示。

保护回路:两路电源引入时分别接入了防雷端子保护,当电源过电压时,防雷端子击穿,造成电源侧短路,引起上级开关保护动作,从而使本开关箱内部元器件不受电压冲击。

主备电源转换回路:1KM、2KM 两个交流接触器用于两路电源的转换回路。当一路电源有电时,用一路电源供电,二路电源做备用;当

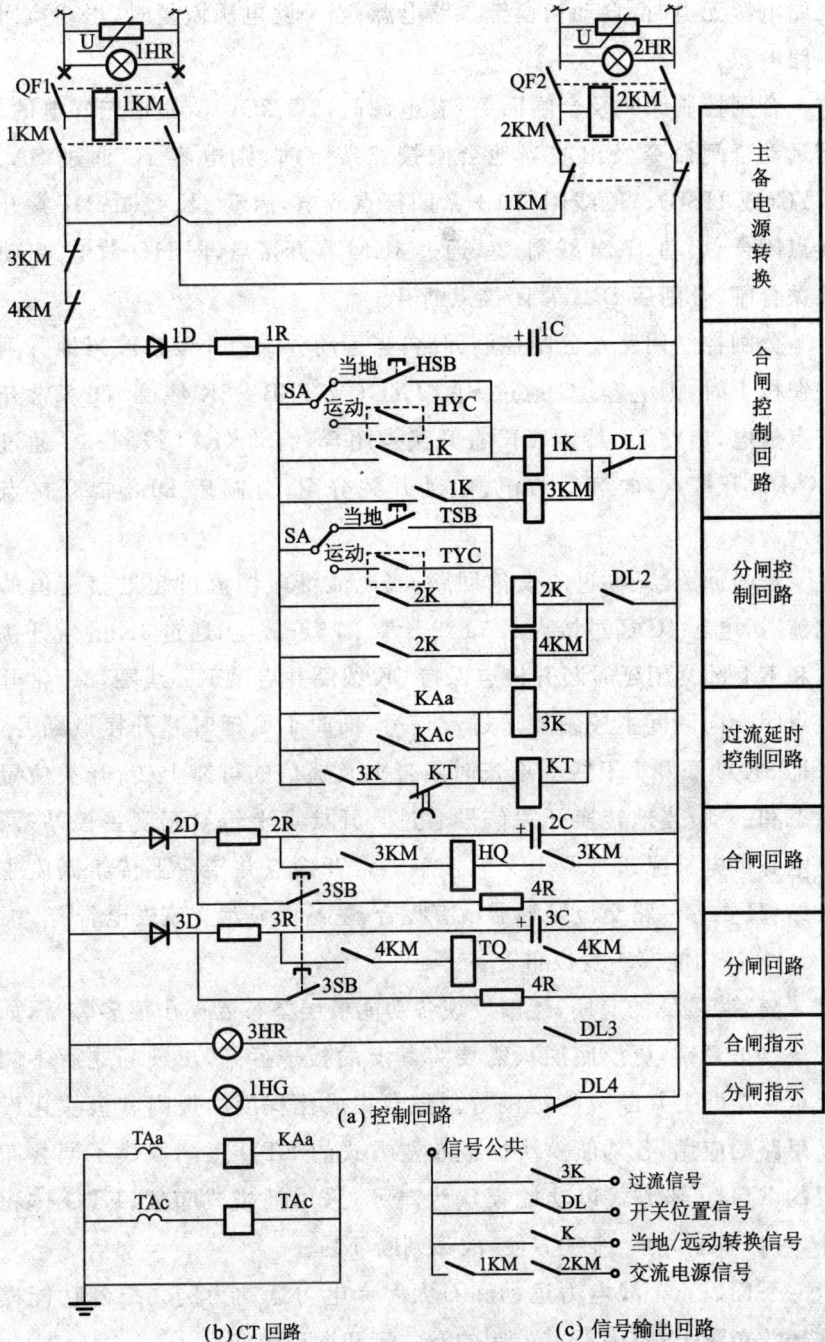

图 2-4-7　控制箱原理图

一路电源无电时,自动切换至二路电源;当一路电源恢复时,再切换回一路电源。

合闸控制回路及合闸回路:有电源时,1C、2C、3C 都是充好电的。当远动合闸命令发出或当地合闸按钮按下时,则电容 1C 通过 SA、HYC(或 HSB)、1K 线圈、DL1 常闭接点放电,启动 1K 线圈;1K 常开接点闭合,启动 3KM 线圈;2C 通过 3KM 常开接点,向 HQ 放电,启动开关合闸;合闸后 DL1 常闭接点断开。

分闸控制回路及分闸控制回路:当远动分闸命令发出或当地分闸按钮按下时,则电容 1C 通过 SA、TYC(或 TSB)、2K 线圈、DL2 常开接点放电,启动 2K 线圈;2K 常开接点闭合,启动 4KM 线圈;3C 通过 4KM 常开接点,向 TQ 放电,启动开关分闸;分闸后 DL2 常开接点断开。

信号回路:又称过流发信回路,当电流继电器流过超过整定值的电流时,电容 1C 通过接点 KAa 或 KAc 向 3K 放电,通过 3K 的常开接点和 KT 的常闭延时断开接点保持 3K 线圈并启动 KT 线圈,3K 常开接点闭合向调度主控站发送过流信号,同时 KT 延时断开接点断开,保证 3K 线圈和 KT 线圈不长时间带电及遥信的可靠上传;开关位置状态和远动/当地转换开关信号通过常开接点上传给调度主控站;两路电源供电情况通过两个交流接触器常开接点并接后上传给调度主控站,只要有一路交流接触器没有吸合,主站就显示交流失电告警。

2. 各功能模块插拔布置

随着 FTU 的应用,逐渐发现各功能板层叠布置存在很多弊端,如现场维护复杂,更换底层板需要将其上的板子拆开,出现问题后不能完全从功能上判断故障范围等。随着集成化程度的提高和模块化设计思路的应用,各功能模块插拔布置方式的 FTU 逐渐取代了层叠布置的 FTU。该方式以功能模块为单元,采用插拔式布置,FTU 体积小,可扩展能力强,维护方便,故障判断简易。

下面以石德线电力远动和石太客专电力远动为例介绍各功能模块插拔布置 FTU 及受其控制的开关箱和远动箱变。

(1)石德线开关箱结构和原理

低压开关箱内部主要由低压开关、电动操作机构(含辅助接点)、三极空气开关、单极空气开关、电流互感器、接线端子以及端子排等元器件组成,结构形式与前述开关箱基本相似,只是有一些元器件位置和选型有所差异,其原理亦与前述开关箱一样,因此不再对其各部分及原理进行介绍,可参照前述开关箱内容。其结构布置如图 2-4-8 所示。

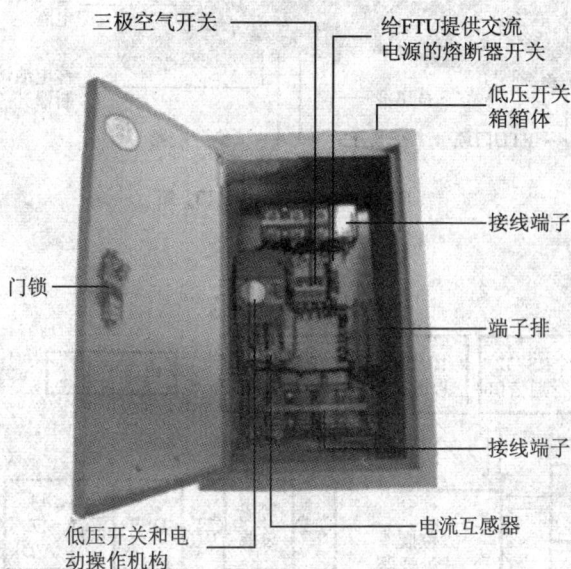

图 2-4-8　石德线开关箱

(2)石德线 FTU 箱结构和原理

石德线 FTU 箱结构如图 2-4-9 所示。

经对比可知,各功能模块插拔布置 FTU 与层叠布置 FTU 相比,结构简单了许多,它采用模块化设计,现场总线技术,将实现测控、通信功能的各类板卡用插拔的方式固定在箱内。其硬件结构框图如图 2-4-10 所示。

石德线信号电源测控终端 FTU 基本特性与配置见表 2-4-1。

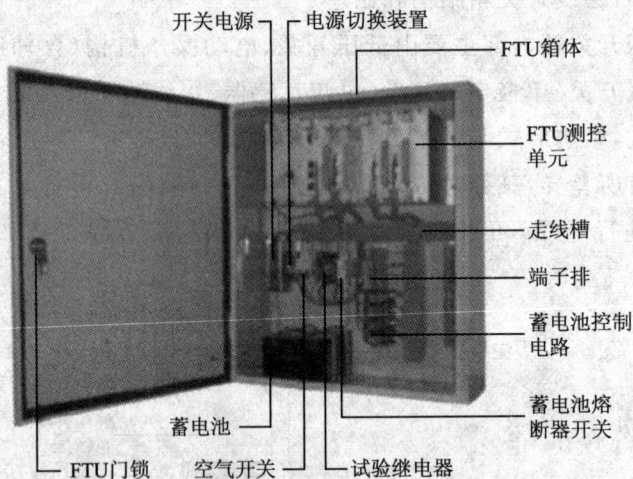

图 2-4-9　石德线 FTU 箱

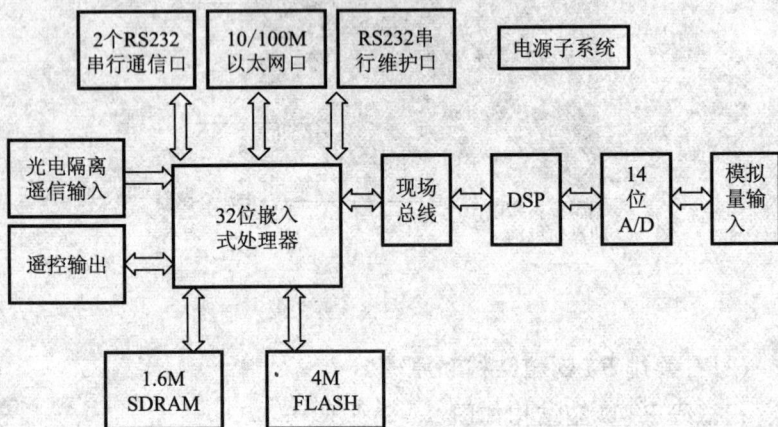

图 2-4-10　FTU 硬件结构框图

表 2-4-1　石德线信号电源测控终端 FTU 基本特性与配置

模块名称	标准配置数量	说明
主板	1 块	2Mbytes 或 4Mbytes 的 FLASH 存储器；16Mbytes 内存；现场总线技术；10M 以太网口 1 个；RS232 串口 3 个；采用嵌入式实时操作系统；WATCH DOG
遥控模块	2 块	20 个输出控制量；可扩展
遥信模块	2 块	30 个遥信输入量；可扩展；输入电压：48V 直流，可由现场情况决定
遥测模块	2 块	每个模块 10 路模拟量输入；基于 DSP 交流采样技术；14bit 的 A/D 转换器；真有效值结果；故障录波功能；现场总线接口；可扩展
电源模块	1 个	铅酸蓄电池为后备电源，交流电源失电自动投入，正常工作时浮充电状态

石德线信号电源测控终端 FTU 具有以下特点：

① 采用模块化设计，各功能单元的数量可以根据现场情况方便地扩展。

② 主处理器采用 32 位微处理器，嵌入式操作系统。

③ 交流采样单元采用 DSP 技术，14 位高性能 AD 转换器。实时采集与分析电网波形，记录故障波形数据。

④ 通信部分适合多种网络形式，如以太网、铁路专线等；同时通信媒介可选光纤、同轴电缆、屏蔽双绞线等。

⑤ 采用欧式标准机箱，安装维护方便，电磁兼容性能较好。

⑥ 采用标准的现场总线技术，可以根据需要扩展现场总线设备。

⑦ 系统采用了抗干扰设计，WATCH DOG 实现死机自复位功能。

⑧ 具有当地监视遥信、遥测、事件记录、通信报文、故障波形记录的功能。当地通过网口或者串口即可方便的获取装置中的各种数据文件。

⑨ 采用标准的通信规约：IEC870-5-101 和 IEC870-5-104 协议。

石德线信号电源测控终端 FTU 具有以下功能：

① 测量功能。基本配置：8 路输入电压，8 路输入电流。A/D 转换精度不低于 0.1%，并在输入接口采取了一定的抗干扰及隔离措施。可以测量的电量包括贯通、自闭两条线路的所有三相交流电量，即三相线电压、相电压、电流、有功功率、无功功率、功率因数、频率等。

② 开关状态监视。基本配置为 15 路输入，扩展的配置为 30 路或 45 路输入。遥信输入采用无源接点方式，遥信电源为 DC48V（可根据现场实际情况进行变换）。在输入接口采取了光电隔离措施及防止监视对象接点抖动干扰的手段。SOE 的分辨率为 1ms，可以对开关顺序记录，方便进行故障分析、事故追忆。

③ 遥控功能。基本配置为 10 路继电器控制输出（DO），实现远动控制。可以扩展配置为 20 路。接点输出容量为 250VAC 5A，输出接点闭合时间为 100ms～20s 连续可调，并在输出接口采取光电隔离措施。输出接点可以独立使用，也可以组成合/分闸对使用。

④ 事件记录与录波。可以将开关动作、参数越限设定为触发条件，触发条件成立，将进行事件记录或波形记录。事件记录将触发的时刻、事件类型、相关参数、状态一并记录存储。波形记录会将触发时刻、触发点前 10 个周期、触发点后 10 个周期的各通道的波形真实地记录下来。自动记录数据后，可实现自动上传数据或人工召取。

⑤ 通信功能。基本配置中有 2 个标准的 RS232 接口、一个用于维护的通信串口和一个网络通信接口。3 个串口均支持 19.2Kbps 的通信速率，2 个标准的 RS232 口可以同时进行 2 个方向的通信传输。各串口的通信波特率，可以根据需要软件设置，波特率最高可达 115.2Kbps。网口还支持 FTP 文件传输，支持 IEC870-5-101 和 IEC870-5-104 通信规约。

与主控站的通信方式：

石德线的通信方式采用 2M 环网结构，每一个站的 FTU 处有上行和下行两个协议转换器，实现 2M 光纤向 RJ45 口的转换，两个 RJ45 口通过一个交换机向 FTU 通信。协议转换器和交换机的工作电源均为交流 220V,在两路电源都没有时,通信设备断电而无法工作,因此采用 FTU 蓄电池通过一个小逆变器为上述通信设备提供电源。

(3)石德远动箱变的结构和原理

由于柱上断路器易受外界影响,长时间的日照和风雨侵蚀会造成其绝缘老化、控制部分失灵等问题,影响线路的正常运行。因此,远动箱变逐渐取代了柱上断路器,形成了集铁路两路信号变压器、两路低压配电柜、自闭/贯通两侧高压分段断路器为一体的远动箱式变电站。

箱变平面布置如图 2-4-11 所示。

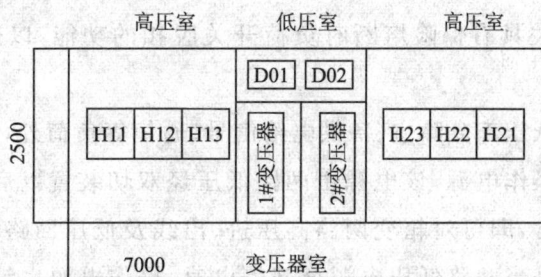

图 2-4-11　箱变平面布置图

从图 2-4-11 可以看出,箱变主要由自闭电源高压室、变压器室,贯通电源高压室、变压器室,低压室组成。箱变的自闭/贯通侧是完全独立的,这是由铁路信号供电的要求决定的,即不能同时造成铁路信号两路电源中断供电,任一路电源检修都要保证另一路电源的正常供电。也可以采用其他的平面布置,但原则是两路电源高压部分要相对独立。

箱变高压一次主接线图如图 2-4-12 所示。

从箱变高压一次主接线图可以看出,箱变的自闭侧和贯通侧进、出线开关分别串接于自闭、贯通 10kV 电源中,为通过式接线。由于每一侧都安装了两架用于分段的断路器,使变压器能够由两个方向供电,当用箱变的断路器将故障区段隔离在两个箱变之间时,不会影响变压器的正常运行,从而保证了信号供电的可靠性。变压

自闭侧   贯通侧

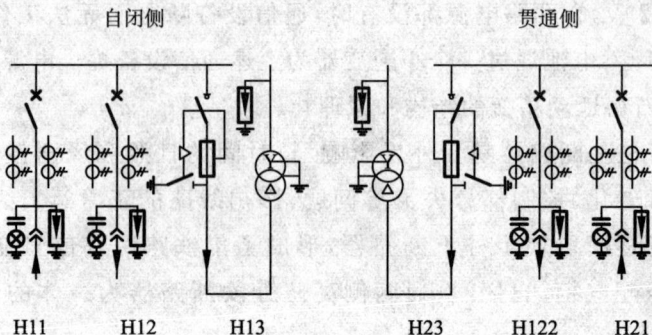

H11   H12   H13   H23   H122   H21

图 2-4-12   箱变高压一次主接线图

器的负荷开关具有保险熔断时负荷开关脱扣的功能，以避免变压器缺相运行。

箱变的低压部分除主、备供电给信号、通信等负荷外，还要为箱变提供照明和操作电源，该电源由两路低压经双切装置以后接引，保证一路电压正常，即可对箱变两路高压进、出线及低压回路开关进行遥控操作。但是当两路低压电源全部停电时，操作电源也没有了，所有高、低压开关都不能遥控操作，尽管此时 FTU 仍可以由蓄电池供电而正常运行。为了解决这一问题，可以在箱变低压侧操作电源回路加装1 台 UPS，石太客专电力远动箱变就采用了这种模式。

（4）石太客专电力远动智能监控装置及远动箱变

石太客专电力远动智能监控装置和远动箱变是 2009 年开通运行的客专等级的远动设备，是集远方终端设备、馈线自动化终端、信号电源监控装置功能于一身的新一代分布式、模块化的数据采集与监控终端。与早期的 FTU 相比，功能更加完善，支持更多的通信规约，有更好的扩展性，对环境的适应性也更强。

智能监控装置直接安装于远动箱变内，所有被监控的高、低压开关及遥测、遥信量采集设备均位于箱变内，铁通通道直接引入监控装置。

石太客专监控装置的特点：

① 配置组态灵活：遥信模板、遥控模板、遥测模板的数量可根据不同的容量需求配置，任意插放。

② 在线热插拔：所有模板支持在线热插拔，减少装置启机时间。

③ 全光纤通信方式：现场总线和远传接口采用光纤通信接口，可抵御来自工业环境的电磁干扰。

④ 远程 WEB 浏览功能：在监控装置的 CPU 处理器中嵌入实时的 WEB 服务，可实现远程的 WEB 浏览功能，提高了装置的远程维护能力。

⑤ 电磁防护等级高：电源输入、通信接口、各类测控端子处采取了完善的电磁防护措施，装置的电磁干扰防护等级达到 4 级，可抵御工业现场严重的电磁干扰。

⑥ 监控容量大：装置标准配置支持 24 路遥控、128 路遥信、75 路遥测，还可以通过装置级联最大支持 150 路双点遥控，700 路单点遥信、400 路测量遥测。

⑦ 通信规约丰富：支持 IEC60870-5-104、IEC60870-5-101、IEC60870-5-103、MODBUS-TCP、MODBUS-RTU 等标准规约，还支持自定义规约的扩展。

⑧ 通信接口标准：提供 2 个 10M 以太网光/电接口、2 个 RS-485、1 个 GPS 时钟和 1 个 CONSOLE 维护口，满足不同通信环境的需求。

石太客专远动箱变平面布置如图 2-4-13 所示，有以下几个特点：

① 所有高压开关设备采用 SF6 气体式环网开关柜，高压侧加装电压互感器单元。结构紧凑，箱变尺寸仅为 4.4m×2.1m；组合方便，在主母线上增加电压互感器；一次设备密封于全封闭、全绝缘的 SF6 气体箱体内，绝缘强度高，维护工作量小。

② 变压器采用干式变压器。采用环氧树脂浇注干式变压器，运行安全、阻燃防火，无污染，维护简单。

③ 远动智能监控装置布置于箱变内。在箱变内设有 RTU 室，将监控装置直接安装在箱变内，减少了控制电缆的长度，监控装置对环

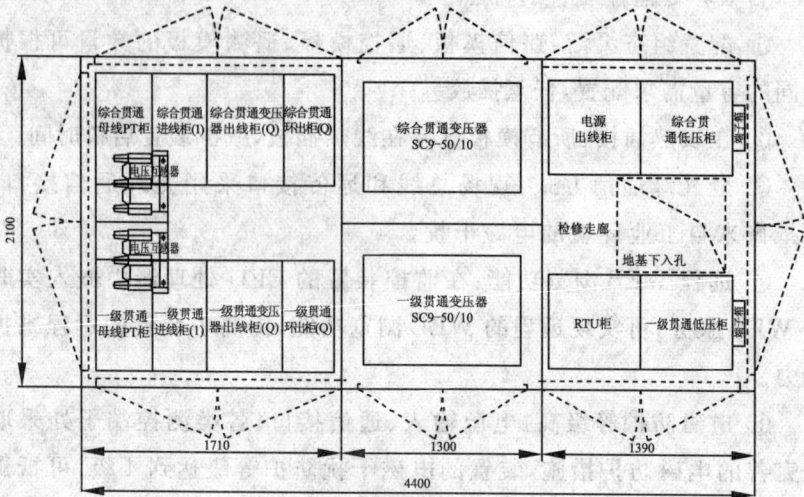

图 2-4-13　箱变平面布置图

境的适应性和抗干扰能力显著增强。

　　④ 箱变通风、防尘、温控设计合理。变压器门采用百叶窗,箱变底板冲切通风孔,顶盖上沿冲风冷孔,安装有轴流风机,受温控器控制。排风道采用曲折风道、双层滤网。

　　⑤ 箱变操作电源设计合理。箱变的低压开关操作电源取自两侧变压器电源互切后的交流 220V 电源,在任意变压器有电时,可以遥控合、分低压开关;箱变的高压开关操作电源和监控装置的电源取自UPS,UPS 的电源取自两侧变压器电源互切后的交流 220V 电源,即使在两路变压器全部没有电时,也可保证箱变在数小时内通信正常,高压开关可遥控分、合闸操作。

　　图 2-4-14 所示是箱变的电源系统图,从图上可以看出当两侧电源只要其中一路有电,低压操作电源、高压操作电源和 RTU 电源、辅助交流电源(供箱变照明、温控器、风机等)都是有电的,操作电源不是由固定的一路电源带,而是根据谁先有电就由谁带操作电源的原则,避免频繁切换。

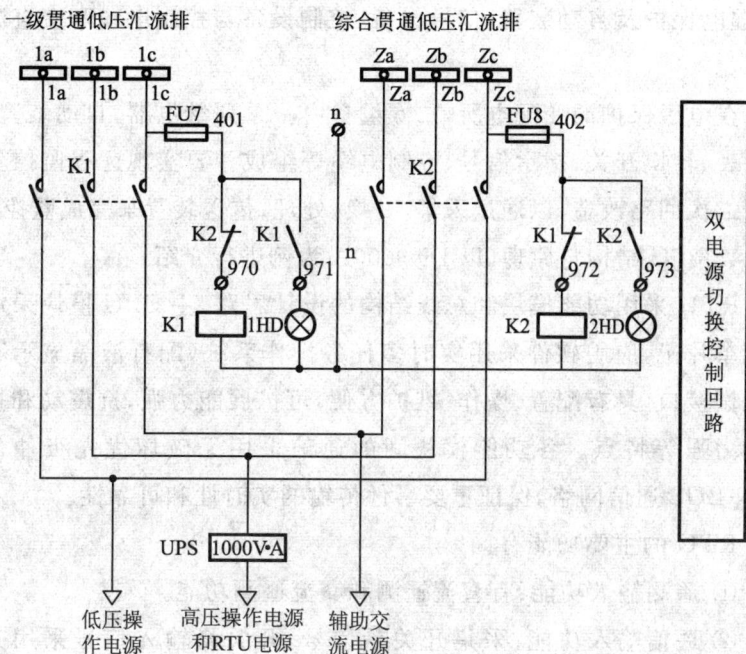

图 2-4-14 箱变的电源系统图

2.4.2 变配电所智能监控装置

根据变配电所保护类型的不同,其智能监控装置的形式也不同。电磁保护变配电所要实现远程监控需要对二次线进行改造,通过加装 RTU(远程终端单元)与调度主控站进行数据交换;微机保护变配电所,由于本身已经完成了数据的数字采集,可以通过通信管理机直接向调度主控站进行通信,实现数据的交换。

2.4.2.1 电磁保护变配电所智能监控装置 RTU

变配电所由一次设备和二次设备组成。一次设备是直接生产、变换、输配和使用电能的设备,主要包括:变压器、进出线断路器、隔离开关、高压电缆及母排、电压互感器、电流互感器、避雷器等;二次设备是对一次设备进行监察、测量、控制、调节及保护的,是为运行人员提供运行工况或产生信号的设备,主要包括:互感器的测量绕组、测量仪表、继电保护及自动装置、信号设备、控制设备与控制电缆和交直流设备等。

在电磁保护的变配电所,二次设备由一系列继电器、自动装置、测量仪表、转换开关、指示信号、控制电缆等组成。要实现远程监控就需要对二次回路改造,以通过采集、变换、处理、传送装置来完成监控。

1. RTU 结构与原理(以 DN9000A 为例进行介绍)

RTU 采用功能模块和总线结构的设计思路,主 CPU 模块采用高性能单片机,应用软件采用实时多任务操作系统,配有液晶显示和串行调试接口,具有配置、操作、维护方便,可扩展能力强,抗震动和抗干扰能力强等特点。各功能模块间的通信采用无破坏优先级仲裁的 CAN-BUS 通信网络,保证重要事件传输的实时性和可靠性。

RTU 的主要功能有:

① 遥测输入功能:有直流遥测和交流遥测功能。

② 遥信输入功能:采集开关量信号,开关量输入信号采用光偶隔离。

③ 脉冲输入功能:可提供脉冲量的输入,信号采用光偶隔离。

④ 遥控输出功能:采用两级遥控,出口采用小型密封继电器隔离。

⑤ 故障录波功能:保护跳闸后可以记录故障电流波形。

⑥ 数据通信功能:支持多种通信规约,与主控站和当地监控系统通信。

⑦ 自诊断功能:具备完善的软、硬件自检功能。

各功能模块的原理和特点:

① 主控模块:主控模块是 RTU 的核心模块,通过 CAN 网络接口实现与各个子模块的数据交换,完成采集遥测、遥信、脉冲等信息,传递遥控命令等功能。支持循环式、问答式远动规约及其他通信规约与当地监控系统、远程主控站通信。图 2-4-15 所示为主控模块的功能框图。

CAN 网络通信的优势是:多主方式工作,任意节点可在任意时刻主动向网络上其他节点发送信息;网络上的节点可分成不同的优先

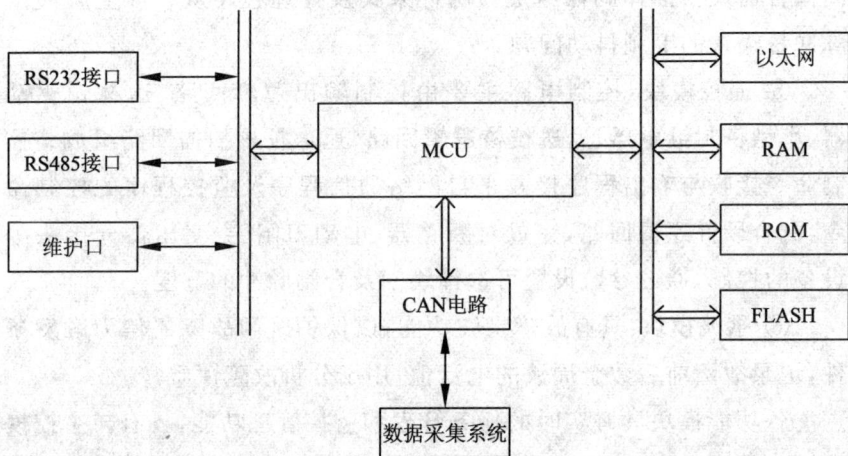

图 2-4-15　主控模块功能框图

级;非破坏性总线裁决可解决当两节点同时向网络发送信息时,优先级高的继续传送,低优先级的停止;短帧结构 CRC 检验,数据出错率低;通信速率高,距离较远,节点多。

　　主要程序有:实时多任务操作系统,对各项任务进行调度管理,保证各任务的实时响应和协调运行;网络通信控制程序,完成对 CAN 局域网的控制及管理;通信管理程序,实现与主控站或站内其他设备通信的功能;终端监控程序,实现数据的实时显示,在线读写内存及 I/O端口,在线读写参数存储器,监视通信报文,遥控调试操作,修改实时时钟等测试功能;自诊断、自恢复程序,在程序受干扰时,能及时诊断并结合硬件复位电路恢复程序正常运行。

　　② 遥测输入模块:模拟量输入电路主要由电压形成电路、低通滤波电路、采样保持电路、多路转换开关及 A/D 变换五部分组成。

　　模拟量输入电路框图如第 1 章中图 1-3-1 所示。

　　③ 遥信输入模块:开关量输入电路由信号调节电路、控制逻辑电路、地址译码电路、隔离电路等组成

　　开关输入电路框图如第 1 章中图 1-4-1 所示。

　　④ 脉冲量输入模块:采样输入电路主要由信号电平转换、光电隔

离耦合器及扫描译码器组成。脉冲采集及处理程序从软件上解决了脉冲量输入的毛刺抖动问题。

⑤ 遥控模块：控制电路主要由控制输出逻辑回路、达林顿驱动器、小型密封继电器、返送校核逻辑回路、返送校核扫描回路组成。控制命令接收与输出程序接收来自网络通信程序及监控程序的控制命令，配合硬件逻辑回路，完成对断路器、电动刀闸、主变压器分接头等设备的控制，通过参数设置可选择跳闸及合闸脉冲的宽度。

⑥ 录波模块：具有故障录波功能，以保护跳闸故障遥信为触发条件，记录故障前后数个周波的电流值，用于分析故障性质。

各功能模块具有实时的任务管理和监控管理功能，具有与主控模块和其他模块通信和自诊断、自恢复功能。

2.4.2.2 微机保护变配电所智能监控装置

微机保护变配电所智能监控装置又称变配电所综合自动化系统，是将变配电所的二次设备利用计算机技术、现代电子技术、通信技术和信息处理技术等实现对变配电所二次设备（继电保护、控制、测量、信号、故障录波、自动装置及远动装置等）的功能进行重新组合、优化设计，对变配电所全部设备的运行情况实现监视、测量、自动控制和保护及调度间通信等综合性自动化功能的自动化系统，是自动化和计算机、通信技术在变、配电领域的应用。

1. 主要功能与组成

微机保护变配电所智能监控装置应具有以下功能：

① 数据采集功能：模拟量、开关量和电能量的采集，电气设备的状态监视、控制调节。

② 继电保护功能：具有设计要求的各种保护功能。包括线路保护，变压器保护，母线保护，馈线保护，电容器保护及自投，低频减载等安全自动装置、自动重合闸装置等。还具有相应的附加功能：继电保护的通信功能、时钟对时功能、存储、修改保护定值功能、显示观察功能、故障自诊断、自闭锁和自恢复功能等。保护功能是综合自动化系统的关键环节，其功能的安全可靠性，直接影响整个系统的安全可靠

性能。

③ 事件顺序记录（SOE）：系统具有强大的数据库功能，可对断路器正常操作、保护动作顺序记录，对遥信、遥测、遥控信息分类处理、统计、存储、报警、查询及追忆。SOE 分辨率一般在 $1\sim10ms$ 之间。

④ 故障录波：录波一般采用两种方式实现。一种是集中式配置专用故障录波器，能与监控系统通信。另一种是分散型，由微机保护装置完成录波功能。

⑤ 人机对话功能：维护人员或值班员可通过鼠标或键盘操作，观察和了解全站的运行工况和运行参数；可设定不同的权限用户，用于修改画面显示、保护定值、越限报警定值等。

⑥ 操作控制功能：实现变配电所正常运行的监视和操作，保证变配电所正常运行和安全。操作人员可通过显示器对断路器和隔离开关进行分、合操作，对变压器分接头位置进行调节控制，对电容器组和电抗器进行投、切控制。所有操作规程均能远方/就地，手动/自动控制，并有完善的闭锁功能。

⑦ 运行监视功能：对采集的电流、电压、温度、频率等量进行越限监视，发生越限则产生告警信号，同时记录和显示越限时时间和越限值；监视保护装置是否失电、自动装置是否正常等；指示变配电所的运行工况和设备状态。报警方式有自动推画面、信息操作提示报警、音响报警、闪光报警等。

⑧ 打印功能：可定时打印日、月、年报表；可随机打印事故和故障信息；可屏幕拷贝等。

⑨ 自动控制功能：电压、无功综合调控功能，使铁路供电系统的总体运行技术指标保持在最佳水平。低频减载功能，当发生有功功率严重缺额时，系统有次序、有计划地切除负荷，使系统频率维持在正常水平或允许范围内。备用电源自投控制功能，当正常电源因故障或其他原因被断开后，迅速将备用电源自动投入工作。小电流接地选线控制功能，对小电流接地系统单相接地故障进行检测与选线，并发出接地信号。

⑩ 远动通信功能：实现自动化系统与上级调度的通信，将采集的模拟量和开关状态信息，以及事件顺序记录等远传至调度端，同时能接收调度端下达的各种操作规程、控制、修改定值等命令。

⑪ 系统的自诊断功能：系统内各插件应具有自诊断功能，自诊断信息也像被采集的数据一样周期性地送往后台机和远方调度中心或操作控制中心。

子系统组成：

① 监控子系统：完全取代常规的测量系统，改变常规的操动机构和模拟盘，以计算机显示和处理方式取代常规的告警、报警、中央信号、光字牌等，取代常规的远动装置等。

② 微机保护子系统：是变配电所综合自动化系统的最基本、最重要的功能，它包括变配电所内设备的全套保护。

③ 后备控制与紧急控制子系统：包括实时对电压和无功进行合理调节、确保电能质量、提高电压合格率、降低网损的电压无功综合控制子系统；实时对有功负荷进行调节的低频减载、负荷控制子系统；保证铁路供电系统连续可靠供电的备用电源自动投入的控制子系统等。

硬件组成有：微机保护模块、站内通信网、站内监控系统、远方传输通信设备等。

2.硬件结构模式

综合自动化硬件结构主要有以下几种模式：

(1)集中式

集中式为早期产品或老站改造采用的结构形式。系统的硬件装置、数据处理均集中配置，采用由前置机和后台机构成的集控式结构，由前置机完成数据输入输出、保护、控制及监测等功能，由后台机完成数据处理、显示、打印及远方通信等功能。全站信息要通过通信管理机或前置机进行处理。

优点：结构紧凑、体积小，可大大减少占地面积，造价低。

缺点：对前置机和计算机依赖性强，出现故障后影响大；软件复杂，系统调试烦琐；组态不灵活等。

（2）分布集中式

与集中式相比，将自动化系统功能分散给多台计算机来完成。按功能设计，采用主、从 CPU 工作方式，各功能模块之间采用网络技术或串行方式实现数据通信，解决了数据传输的瓶颈问题，提高了系统的实时性。方便系统扩展和维护，局部故障不影响其他模块正常运行。

（3）分布分层式

分布是指横向按功能不同，分单元、分间隔配置间隔装置。分层是指在纵向将变电站信息的采集和控制分层。

从逻辑上将系统分为三层：变电站层、通信层和间隔层。按照变配电所的元件、开关间隔进行设计，将一个开关间隔所需的全部数据采集、保护和控制等功能集中由一个测控单元来完成，各单元之间通过现场总线连接，构成间隔层，在变电站层和通信网络故障的情况下，间隔层独立完成间隔层的监测和控制功能。变电站层是整个变电站监视、测量、控制和管理的智能中心，包括站控系统、监视系统、工程师站及同调度中心通信的通信系统，是位于变电站控制室里的总控单元。通信层是连接间隔层和变电站层的纽带，采用标准通信规约，为保证通信可靠性多采用双网通信。

（4）完全分散式

按照面向电气一次回路或电气间隔的方法进行设计，在硬件结构上完全分散，间隔中各数据采集、监控单元和保护单元做在一起，设计在同一机箱中，并将这种机箱就地分散安装在开关柜上，主控室的主控单元通过现场总线与这些分散的单元通信，将功能分布与物理分散有机结合，实现间隔层各单元的功能相对独立。

这种结构代表了现代变电站自动化技术发展的趋势，主要特点是：功能单元完全按一次设备间隔分散安装；节约控制室面积和二次电缆；减少了电缆传送信息的电磁干扰，具有很高的可靠性，比较好地实现了部分故障不相互影响，方便维护和扩展，大量现场工作可一次性地在设备制造厂家完成。

第3章 调度主站的运行与维护

调度主站是整个监控系统的指挥中心,现场设备的运行工况要在调度主站全面、实时地反映出来。

调度主站系统同样由硬件设备和软件构成。通常情况下硬件设备包括:冗余配置的服务器、调度员工作站、通信前置处理机和网络接口设备、维护工作站、流水打印机、报表打印机、模拟屏(大屏幕投影设备)、电源系统(UPS 及配电盘)、时钟系统(GPS)、连接电缆等;软件主要分为三大部分,即**系统软件**、**支持软件**和**应用软件**。系统软件一般有 UNIX、Windows NT 等,支持软件又称**管理软件**,主要是大型的商用数据库,应用软件就是用户直接面对的应用界面及工具软件。

调度主站的硬件设备在第 2 章已经进行了详细介绍,本章主要从软件的角度来讲述其应用和维护。为了便于理解,本章以目前主流的、常见的两种类型为例进行介绍。

3.1 DSC9000 调度主站

DSC9000 调度主站系统采用的是从加拿大引进的 SCADA 平台,应用软件为 SCADACOM3.0,操作系统为 UNIX,版本为 Sun Microsystems公司的 Solaris 操作环境,数据库为 Sybase 公司的 Adaptive Server 关系数据库管理系统。主界面如图 3-1-1 所示,本节侧重以电力远动系统来介绍,牵引远动系统在功能上相似,只是界面有所不同。

由图中可以看到主界面由调度运行管理器、时钟、图标、当前报警显示窗、画面显示五个窗格组成。

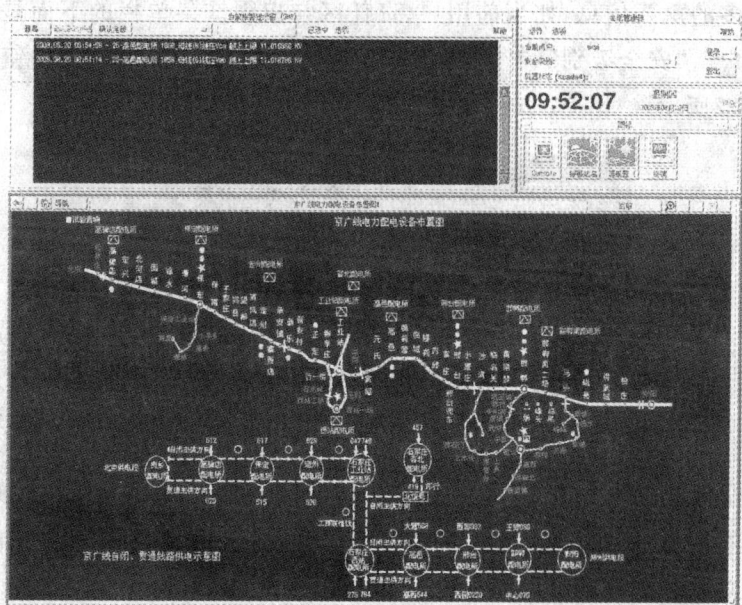

图 3-1-1 调度主站主界面图

3.1.1 调度运行管理器窗格

调度运行管理器对操作员状态信息（当前用户、安全级别、责任区域和权限）进行控制和显示。具有一定权限的操作员可以从调度运行管理器中调用配置管理器以进行系统配置和第三方应用程序（如打印、报表、曲线等）的执行。

所有的用户都具有责任区和适当权限的安全等级。权限和责任区组合起来共同定义操作员的控制级别。每个操作员的责任区、安全等级和权限通过配置工具进行配置。

调度运行管理器是位于工作区的右上角的固定窗格。菜单栏中有 3 个下拉式菜单："运行"、"选项"和"帮助"。"运行"菜单用来启动配置管理器和安装在实时系统的所有第三方应用程序；"选项"菜单用来关闭工作站或更改密码；"帮助"菜单为调度运行管理器提供在线帮助。调度运行管理器控制操作员登录、权限和责任区域的选择，它含有许多的重要信息，如当前用户、责任区与权限。菜单栏的下面是"当前用户"、"安全级别"和"机器状态"，右边是"登录"和"注销"按钮，如图3-1-2所示。

图 3-1-2 调度运行管理器

3.1.1.1 当前用户

显示当前登录的用户。系统默认的用户名是 DefaultUser，此用户只有浏览的权限，不能进行任何操作，因此该用户下调度运行管理的菜单都是灰色的。

3.1.1.2 安全等级

登录后操作员可以通过单击组合框动态地选择进入不同的安全等级。典型的操作员类型有浏览人员、运行人员、值班人员、配置人员和调试人员。

3.1.1.3 机器状态

说明机器的名称与当前的同步状态，有 3 种情况：

① Being Synchronized（正在同步，以黄色显示）；

② Synchronized（已同步，以绿色显示）；

③ Unsynchronized（失步，以红色显示）。

3.1.1.4 责任区与权限

单击调度运行管理器右上角的"最大化/最小化"按钮可以显示或隐藏"责任区（AOR）"与"权限（Permissions）"窗口部分，打开的责任区与权限窗口如图 3-1-3 所示。

当操作员以一用户名登录后，系统会根据用户的 AORList 与 PermissionList 等一些属性来确定调度运行管理所能监控的内容。

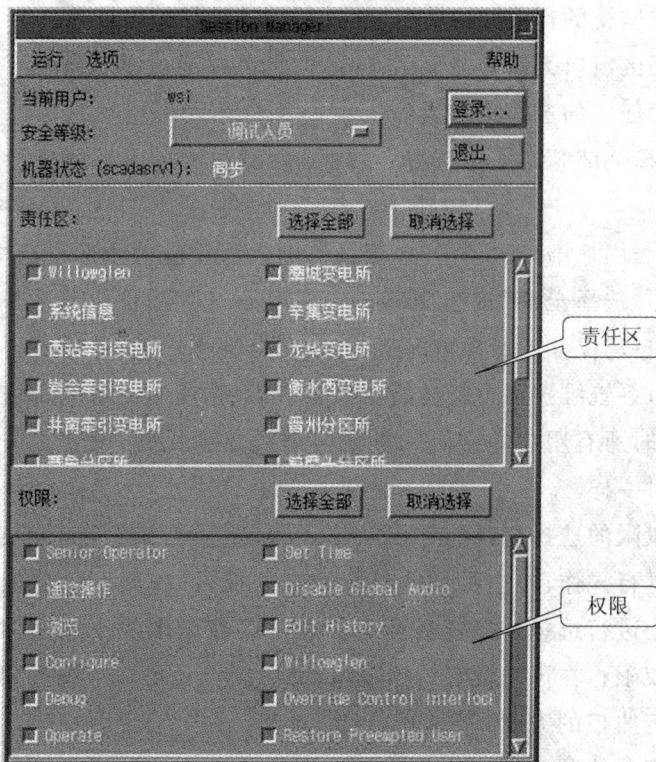

图 3-1-3　责任区与权限窗口

在 SCADACOM 环境下,系统分成许多责任区域,系统的每个对象只能与一个责任区相连。一个操作员可访问几个责任区。

1.责任区的选择与取消

操作员有权对本身具有的责任区进行选择或取消,这样可以过滤掉不相关的信息,而只对 SCADACOM 系统的特定的某一部分进行操作。被取消后的责任区,报警被锁定,也无法对这些责任区的对象进行编辑或设备进行控制。

每一个责任区都可以通过鼠标左键单击责任区菜单按钮切换到相反的状态(选择—取消,取消—选择)。在选择状态下,按钮是凹陷的,取消时是凸起的。每一个责任区都有一个显示颜色的标签来表示责任区的状态,由登录用户监视的责任区为绿色;由系统用户而不是登录用户监视的责任区为黄色;无人照管的责任区为红色。

责任区窗口大约只能显示 6 行,但是可以通过滚动条查看更多的内容。责任区的选择不需要确认。

"选择全部"和"取消选择"按钮分别对所有的责任区进行选择或取消。

注:当用户第一次登录时,责任区的默认设置为全部不选中,此时只需单击"选择全部"按钮全部选中即可。以后再登录时不需要再设置,系统自动保存。通常情况下,责任区全部选中后,以后不再需要修改。但当系统维护员重新初始化数据库以后,所有的参数都恢复成默认值,此时所有用户的密码和责任区需要重新设置,设置方法和第一次登录时一样。

2.权限的选择与取消

要进行操作,操作员必须具有相应的权限,权限可以从指定的权限设定中进行选择。操作员拥有什么样的权限取决于该用户被设定的最大权限。在预先设定的界限内,每个操作员可以根据需要调节对系统进行监控的力度。

权限能控制不同功能的访问。大部分系统的权限控制着系统配置(如:浏览、操作和配置等);报警确认(过滤报警和静音等);系统关闭(关闭会话、关闭 SCADACOM 和关闭工作站等)。

如果操作员的安全级别恰到好处时,他可以不必进行权限的重新设置。监控时选中全部权限即可,因为该用户不必要的权限在建立账号的时候就已经屏蔽掉了。权限对应着相应的安全级别,这就建立了一个安全机构。

要选择或取消权限,单击单个的权限即可,此操作把权限切换到相反的状态(选择—取消 ,取消—选择),上述操作无须确认。

同样"选择全部"和"取消选择"分别对所有的权限进行选择或取消。

3.1.1.5　登录菜单

每个操作员在任意一台工作站都可以登录,登录窗口如图 3-1-4 所示。登录时必须输入用户名和密码。如果登录成功,该事件就会被记录到系统事件日志中。如果没有人登录,系统默认为默认用户(Default User),并显示默认的责任区和权限。默认用户唯一能够进行的操作是界面浏览。

当前用户未注销,不影响新的用户进行登录。在这种情况下,新的操作员就沿用当前的屏幕环境,但是权限和责任区都相应变为新的操作员设定。

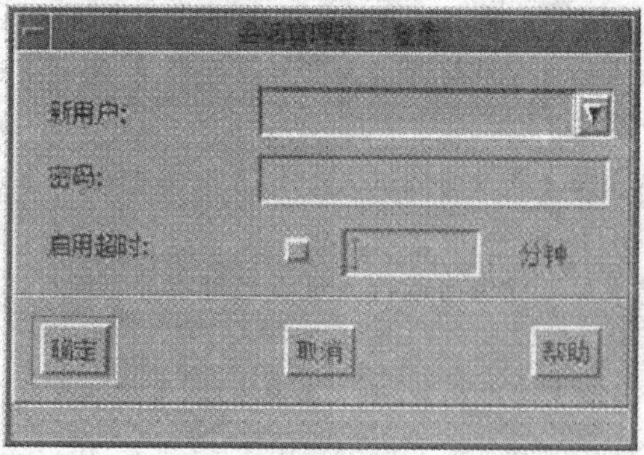

图 3-1-4　登录窗口

登录步骤:

① 单击"登录"按钮,出现登录对话框。

② 从"新用户"下拉式菜单中可以看到一系列的用户,从中选取操作员的名称。

③ 单击"密码"右侧文本框,输入密码,安全起见,密码以星号的形式出现。

④ 启用超时:单击有效时间按钮,输入需要的时间(以分钟为单位,也可以不启用该模式,该按钮凹下为启用,凸起为不启用)。当启用该模式时,设定的时间到,用户自动退出登录。

⑤ 单击"确定"按钮,SCADACOM 更新调度运行管理器窗口,操作员登录系统。

3.1.1.6　退出菜单

选择了"退出"按钮后,当前用户及其所打开的应用程序都从系统中注销。如果当前用户具有恢复预先腾空用户权限的话（指先后登录的用户各自具有的安全等级），当前用户注销后，腾空的用户就恢复为当前用户和相应的安全级别、责任区与权限。否则，调度运行管理器就会恢复到默认用户（Default User）登录状态。

例如：

① 运行人员 a 登录前运行人员 b 已经登录，那么 a 退出后，管理器恢复到默认用户。

② 运行人员 a 登录前调试人员 b 已经登录，那么 a 退出后，管理器恢复到默认用户。

③ 调试人员 a 登录前调试人员 b 已经登录，那么 a 退出后，管理器恢复到 b 用户。

④ 调试人员 a 登录前运行人员 b 已经登录，那么 a 退出后，管理器恢复到 b 用户。

⑤ a 登录前无用户登录，那么 a 退出后，管理器恢复到默认用户。

3.1.1.7 运行菜单

"运行"下拉菜单如图 3-1-5 所示。该菜单用于调用 UNIX 程序和第三方应用程序。每一个运行命令都配置有一个特定的权限。如果用户不具有这种权限的话，运行菜单中的一些选项就变成灰色，无法

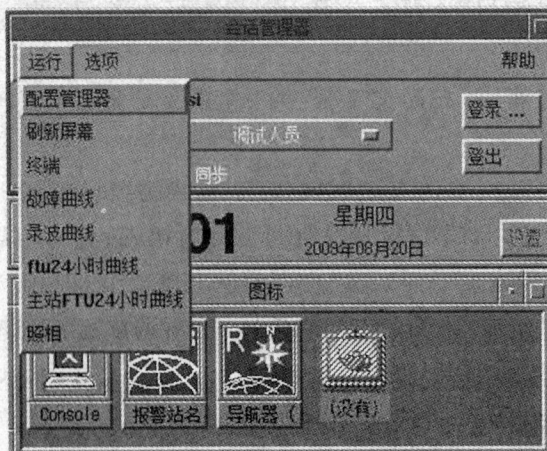

图 3-1-5 "运行"菜单

打开。

通常,运行菜单用来打开配置管理器,进行终端的创建和第三方软件(如报表、曲线等)的启动。

配置管理器用于应用程序进程和对象属性的配置,调试人员以上用户才有此权限,一般只允许个别维护人员和厂家技术人员进行操作,这里不作介绍。

1.终端

单击"终端"可以打开如图 3-1-6 所示的窗口,进行 UNIX 的一些命令操作,例如进行后台数据查看、报文监视、主站程序维护等。

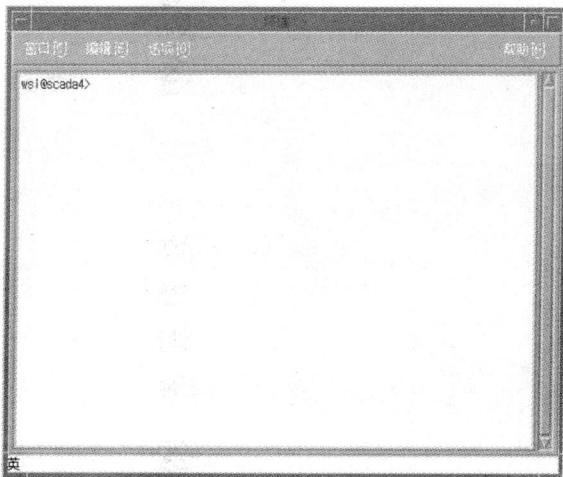

图 3-1-6　"终端"窗口

2.故障曲线

故障曲线界面如图 3-1-7 所示,可以查看某个站某一时间的故障曲线。图中详细地记录故障时间和类型,A、B、C 三相电流和电压有效值分别以黄、绿、红三种颜色显示,通过单击右侧相应颜色的按钮可以让该曲线在窗口中显示或消失。窗口上方的滑块可以标定不同时间的值,另外用鼠标指向曲线某一点也可以显示该点的数值。

3.录波曲线

录波曲线界面如图 3-1-8 所示,可以显示三相电流、电压的实际波

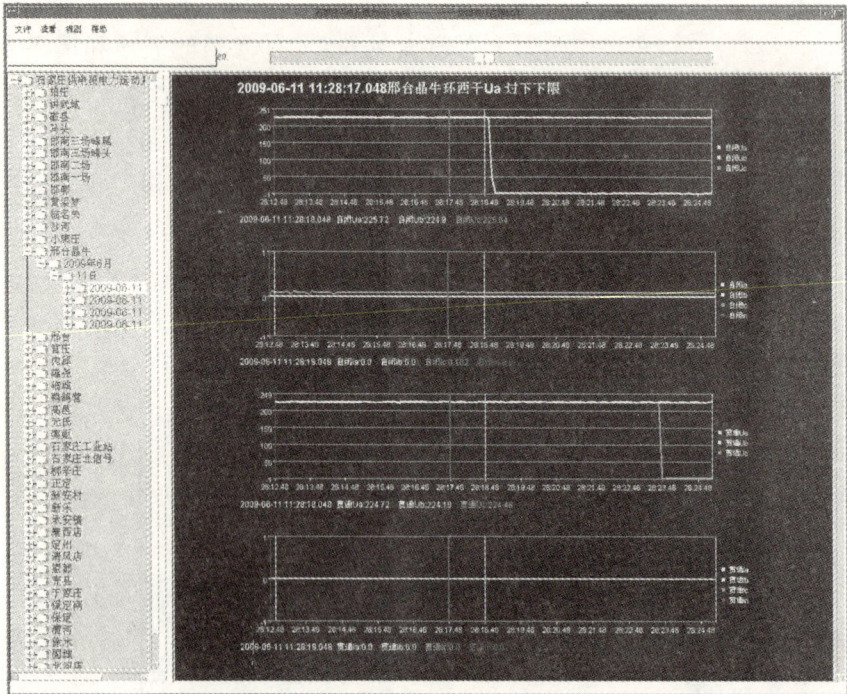

图 3-1-7 "故障曲线"窗口

形,波形的多少要取决于被控站设备的录波情况。显示效果和查看方法与上述"故障曲线"相同。

3.1.1.8 选项菜单

"选项"下拉菜单包括两项内容,即更改密码和关机。

1. 更改密码

该功能打开后会弹出菜单,要求输入旧的密码、新的密码和确认密码。先输入旧密码,然后输入新密码,再确认新密码,单击 OK 按钮即可更改密码,如图 3-1-9 所示。

注意:调度运行管理器检查新的密码是否正确。

密码须满足下述标准:

① 至少 6 个字符,至少含有一个数字或特殊字符;

② 和登录名完全不同(除非使用不同的顺序,否则不能使用

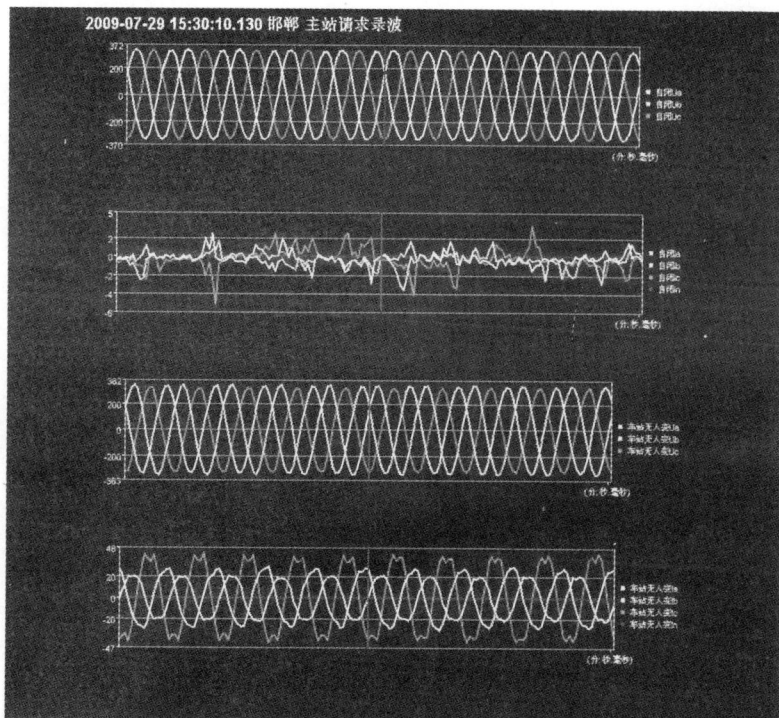

图 3-1-8　"录波曲线"窗口

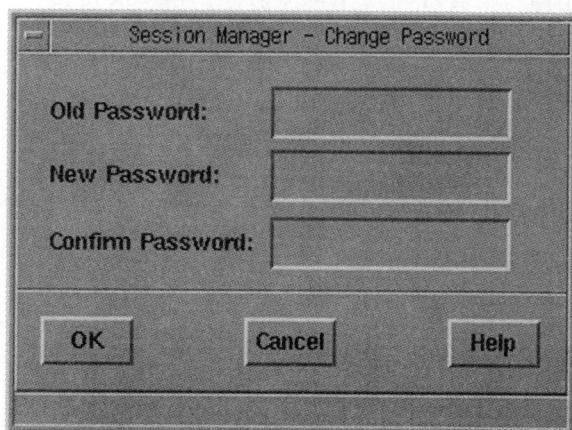

图 3-1-9　"更改密码"界面

登录名）；

③ 新的密码必须有 3 个字符和旧的密码不同，最好完全不同。

如果密码满足不了以上条件，就会出现一个 INSECURE PASS-WORD 的对话框，如图 3-1-10。虽然这种密码也可以接受，但建议配置更安全的密码。

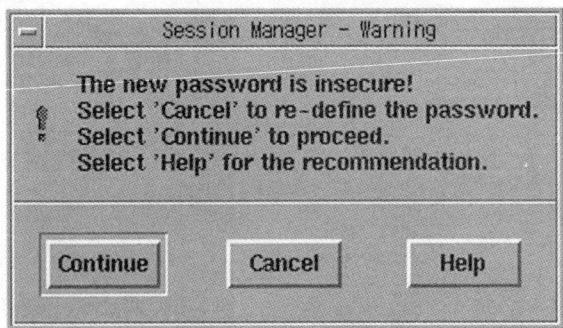

图 3-1-10　不安全密码提示

2.关机

从选项菜单中选择关机命令时，弹出如图 3-1-11 所示对话框，包含关闭会话、关闭 SCADACOM 和关闭工作站选项。该对话框的访问受权限设定的控制，只有高级用户才能使用该权限设定。

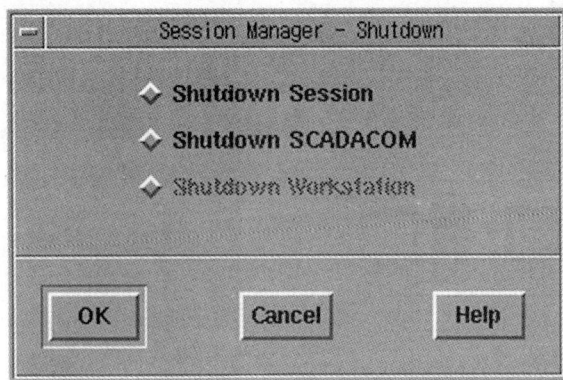

图 3-1-11　"关机"对话框

(1)关闭会话(Shutdown Session)

选择该项会关闭所有与该用户有关的 SCADACOM 窗口和所有的第三方应用程序而软件程序不受影响。

(2)关闭 SCADACOM(Shutdown SCADACOM)

选择该项会关闭用户工作站上的 SCADACOM 系统(所有软件程序)并注销当前用户而工作站和其他的硬件仍然运行。

(3)关闭工作站(Shutdown Workstation)

选择该项会关闭整个工作站,包括 UNIX 操作系统。

3.1.2 时钟显示窗格

时钟显示窗格位于调度运行管理器下面,工作区域右方的固定窗格,它包含了设定时间对话框以调整系统时钟。通过时钟显示对时间作出的修改会影响整个 SCADACOM 系统的时间。此窗口的大小是固定的,如图 3-1-12 所示。

图 3-1-12 "时钟显示"窗格

1.设置时间按钮(SET)

选择单击此按钮打开设定时间对话框。

注意:操作员只有具有设定时间权限的情况下才能对系统时钟进行修改。如果系统和外围时钟(如 GPS)连接,当时钟通信正常的时候,设定时钟按钮将处于灰色状态。这时用户即使有权限也不能进行时间设定。

2.设定时间对话框

设定时间对话框如图 3-1-13 所示,对话框内有当前时间格式作为时间格式示例,该格式与报警框左侧的时间格式、导航器及对象编辑器上的时间标记格式一样。新时间必须和原来时间的格式一致,否则会出错。时间格式为:年.月.日 时:分:秒。

设定时间对话框中除了新的时间文本输入框外,还有 3 个按钮,即 OK,Cancel 和 Help。

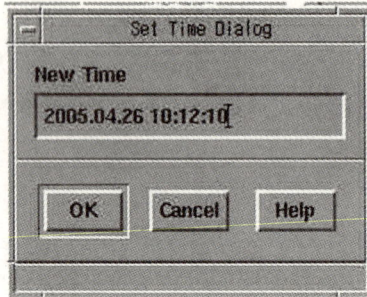

图 3-1-13 "设定时间"对话框

OK 按钮:单击 OK 按钮确定新的时间和日期。如果正确,设定成功,对话框关闭;如果不正确,会出现错误提示。

注意:如果时差(提前或拖后)大于 5s,设定时间对话框就会出现警告,并要求确认。

Cancel 按钮:单击 Cancel 按钮,原来输入的信息无效,对话框关闭。

Help 按钮:提供时钟显示帮助。

3.1.3 图标窗格

图标窗格如图 3-1-14 所示,这是 MOTIF 窗口管理器的一大特点,它把经常使用的应用程序图标化,以便快速进行调用。窗口最小化后就显示在图标窗格中。用户可以通过它访问其他 UNIX 用户应

图 3-1-14 "图标"窗格

用程序,包括 SCADACOM 数据库接口程序、第三方应用程序等。只
要双击图标即可打开该窗口。

3.1.4　当前报警显示窗格

当前报警显示窗格是一个固定窗格,在工作区的左上部分。
SCADACOM 系统产生的报警信息可以提供操作员应关注的一些信
息,要求操作员作出反应,或仅是希望操作员对某特定的状态引起注
意。报警信息采用多行显示,每行描述一个报警或事件。报警的严重
性由信息的颜色决定,具体颜色由系统配置决定。信息左边有一个确
认按钮,如果报警未被确认,该报警信息就会闪烁。

如图 3-1-15 所示,在窗口上方的标题栏中左边为快捷按钮,右边
是下拉式菜单、中间为状态显示区。标题栏的下面是报警信息显示区
域,最上面是当前报警区,下面为报警信息滚动区。

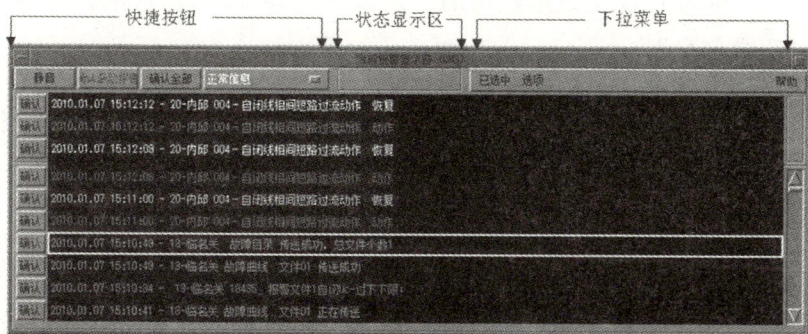

图 3-1-15　当前报警显示窗格

3.1.4.1　当前报警显示

1.接收新报警

报警产生在实时数据库中,并送到当前报警窗显示。由于通信的
滞后,远方终端产生报警信息的时间标记要比接收到的时间要早,即
在报警窗中通过测控单元送来的报警信息的时间是实际发生变位时
的时间,并不是主站收到该信息的时间。尽管如此,新的报警信息总
是出现在列表的最上端而不考虑它的时间标记(即不是按照时间标记

上的时间顺序进行排列）。

当前报警显示可能会溢出。

2.过滤报警

有两种方法可以进行报警信息过滤。

（1）责任区域过滤

选择了责任区过滤后，那些和操作员选定的责任区不符的报警将不会被显示。如果操作员在调度运行管理器中选择不同的责任区，当前报警显示将会被动态更新。

责任区过滤的方法：

在"选项"菜单中选择责任区过滤切换开关。

（2）严重等级过滤

选择了严重等级过滤后，比选定的严重性级别低的报警将不会显示。严重等级过滤器的调整方法：

① 单击并按住菜单栏中的严重等级选项菜单，默认的严重等级为"正常信息"。

② 选择新的严重等级。

③ 释放鼠标按钮。

3.声音报警

不同的报警等级发出不同的声音，声音由外接音箱来播放，声音报警具有容错功能。这就意味着多个当前报警显示进程连接到声音设备上，但一次只有一个进程播放报警信息。若主进程出错，该功能将自动切换到当前报警显示的备用进程。高等级的报警会屏蔽较低等级的声音，只有高等级的声音被确认后，低一等级的声音才会报出，以此类推。

3.1.4.2　报警的确认

报警被确认以后，就从当前报警显示中移走。操作员确认报警必须具有确认报警权限。

当一个报警被确认以后，该报警源以前所有的报警都会被移走。例如：如果"RTU♯3 FLOW CONTROL VALVE：CLOSE"已被确

认,则在该报警前面所有的"RTU♯3 FLOW CONTROL VALVE:
CLOSE"信息无须单独再次确认就被移走。

注意:只有当报警源处于非正常状态并且未出现新的报警时,该
报警才在确认以后仍然留在报警列表中。

报警源处于正常状态时,确认了最近的报警信息就清除了该报警
源在报警列表中的所有报警。例如:如果"RTU♯3 FLOW CON-
TROL VALVE"处于正常状态之下被确认,所有的"RTU♯3 FLOW
CONTROL VALVE"信息将被移走,而不管它们以前是否出现。

注意:在当前报警显示上确认一条报警信息,在系统的其他的当
前报警显示上会引起相同的确认发生。报警确认后只是从报警窗口
消失,并不是删除该报警。报警消失后可以通过搜索历史报警搜索
出来。

3.1.4.3　快捷按钮

位于标题栏的左侧,该区域包含报警显示常用的各项基本的控制
操作。

| 静音 | 确认全部 | 正常信息 | |

1.静音按钮　静音

选择"静音"按钮后,只有报警显示而无报警声音。而当下一条报
警产生时,系统会继续发出报警声音。

2.确认全部按钮　确认全部

按下"确认全部"按钮,确认所有在当前区的报警,即符合当前报
警过滤条件的那些报警,相应的声音报警也将被静音。

3.严重等级过滤器菜单　正常信息

该菜单控制着严重等级过滤器,并执行以下 3 种功能:

① 通过标号区的严重等级颜色显示当前的严重等级过滤器;

② 作为严重等级对应颜色的图例;

③ 允许操作员从菜单的列表中进行严重等级的选择。

启动时，严重等级过滤器设在最低的一级，所有的严重等级都可见。设定好一个严重等级后，只有那些达到及超过该严重等级的报警才能被显示。单击下拉菜单如图 3-1-16 所示，"正常信息"的报警等级最低，"事故报警"的报警等级最高。操作员选择显示某一个等级后，报警窗口就会显示该等级以上的报警，它以下等级的报警就不在报警窗口显示。例如：选择"系统信息"，菜单处就会显示绿色的"系统信息"字样，报警窗口也只是显示"系统信息"等级以上的"录波信

| 正常信息 |
| 当地操作 |
| 遥控操作 |
| 系统信息 |
| 录波信息 |
| 文件信息 |
| **模拟量越限** |
| 录波文件报警 |
| 模拟量高级越限 |
| 预告报警 |
| 事故报警 |

图 3-1-16　"严重等级过滤器"菜单

息"、"文件信息"等 8 种报警，"系统信息"等级以下的 3 种报警就不在报警窗口显示，但仍然会保存在历史数据库中。各种报警等级颜色显示详见附录 B 彩图。

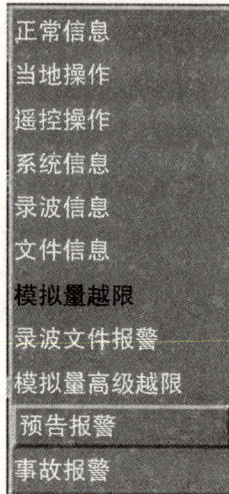

3.1.4.4　状态显示区域

状态显示区域位于标题栏的中间部分，该区域包含当前报警显示的各种模式或状态图标。只有当与它们相关的状态存在的时候，这些图标才会显现。

1.溢出指示

溢出状态指系统报警的数目超过了当前报警显示的列表容量。

在该状态下，新的报警产生时，在报警列表的底部的老的报警就会被移走，因此，一些老的报警在当前显示下无法进行访问。溢出状态只有在重新初始化时才能被清除。

2.无人值班模式指示

当前报警显示可以切换到无人值班模式下，这时在状态显示区域显现该指示。在该模式下的本地声音报警和全局声音报警都会失效，所以无人值班模式指示总是和两种声音失效指示器同时出现。

3. 本地音响关闭指示

具有一定权限的操作员可以禁止本地报警声音。这时,在状态显示区域显示出本地声音报警无效指示。恢复声音报警时,指示消除。

4. 全局音响关闭指示

具有一定权限的操作员可以禁止全局报警声音。这时,在状态显示区域显示出全局声音报警无效指示。恢复声音报警时,指示消除。

5. 定时声音禁止指示

在一段特定的时间内,本地声音报警和全局声音报警都可以被禁止,超过该设定的时间值后,声音报警恢复。在此方式下,声音无效指示器上就会出现一个闪动的小沙漏标识。

3.1.4.5　下拉式菜单

位于标题栏的右侧,包含当前报警显示的各项基本的控制操作。

1.“已选中”菜单

“已选中”下拉菜单如图 3-1-17 所示,选择性菜单影响到显示中选定的报警。如果当前没有选定任何一个报警,那么该菜单处于无效状态。一旦选中了某一条报警信息,它就作为选择菜单中的第一条信息

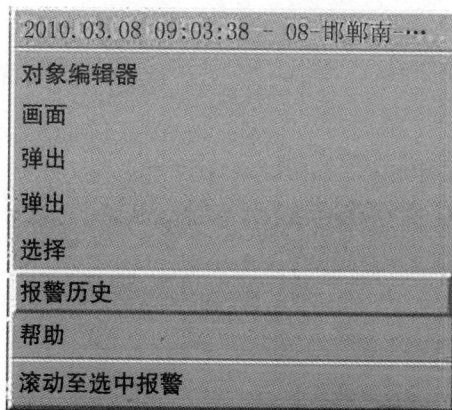

图 3-1-17　“已选中”下拉菜单

显示,而不管它在当前屏幕下是否可见。

(1) 对象编辑器

该选项在产生选定报警的对象上打开一个对象编辑器,或在画面显示窗口右击某个对象也可以打开其对象编辑器。这里以一个断路器为例进行介绍。

① 遥控属性介绍,如图 3-1-18 所示;

② 遥信属性介绍,如图 3-1-19 所示。

(2) 画面

该选项的功能是打开当前报警的默认画面的新窗口。

(3) 弹出

该选项为当前报警信息打开默认的弹出画面窗口。

(4) 趋势

该选项为当前报警信息打开一个默认趋势的新画面窗口。

(5) 报表

该选项为当前报警信息打开默认报表的新画面窗口。

注意:对于画面选项(如:画面、弹出、趋势和报表),选定的对象在数据库中必须有对应的已配置画面、弹出、趋势和报表。如果没有进行配置的话,相应选项是灰色的,将不起作用。

(6) 报警历史

该选项打开当前报警信息的报警历史查询窗口。

(7) 帮助

该选项为当前报警显示调用帮助编辑器,该编辑器中有许多帮助选项。

(8) 滚动至选中报警

只有在报警信息在当前报警显示中不可见的时候才发挥作用,它允许选中的报警信息在报警列表中滚动。

2.选项菜单

"选项"下拉菜单如图 3-1-20 所示,是针对整个的当前报警显示,而不是某个特定的报警信息。

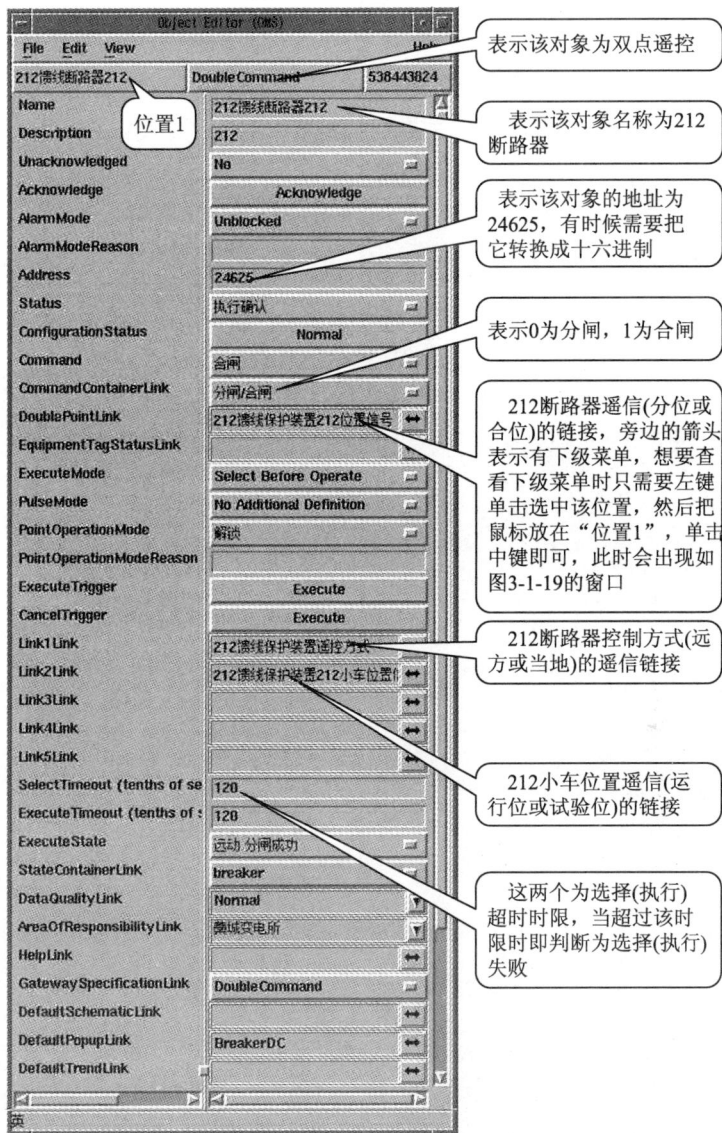

图 3-1-18　遥控对象编辑器窗口

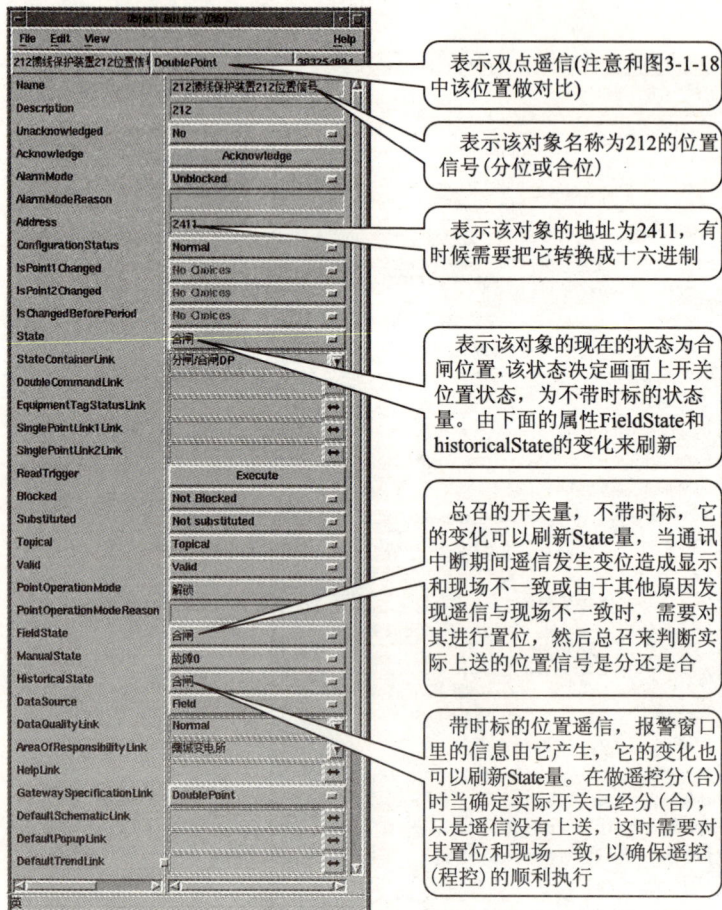

图 3-1-19 遥信对象编辑器窗口

表示双点遥信(注意和图3-1-18中该位置做对比)

表示该对象名称为212的位置信号(分位或合位)

表示该对象的地址为2411，有时候需要把它转换成十六进制

表示该对象的现在的状态为合闸位置,该状态决定画面上开关位置状态,为不带时标的状态量。由下面的属性FieldState和historicalState的变化来刷新

总召的开关量,不带时标,它的变化可以刷新State量,当通讯中断期间遥信发生变位造成显示和现场不一致或由于其他原因发现遥信与现场不一致时,需要对其进行置位,然后总召来判断实际上送的位置信号是分还是合

带时标的位置遥信,报警窗口里的信息由它产生,它的变化也可以刷新State量。在做遥控分(合)时当确定实际开关已经分(合),只是遥信没有上送,这时需要对其置位和现场一致,以确保遥控(程控)的顺利执行

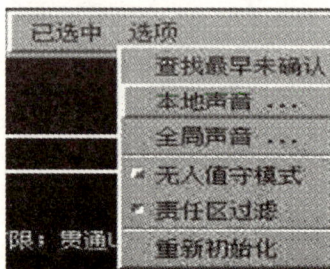

图 3-1-20 "选项"下拉菜单

（1）查找最早未确认的报警

该选项在报警列表中查找到最早的未确认的报警信息并把它们移动到滚动区域的最底部。该报警变亮，并移到当前位置。

如果在显示区域报警信息不多而无须滚动报警列表，那么最早的未确认报警仅亮化而不移动。

如果当前列表中没有未确认的报警，那么查找最早的未确认报警功能就不起作用。

（2）本地声音报警

激活该选项弹出如图 3-1-21 所示对话框。

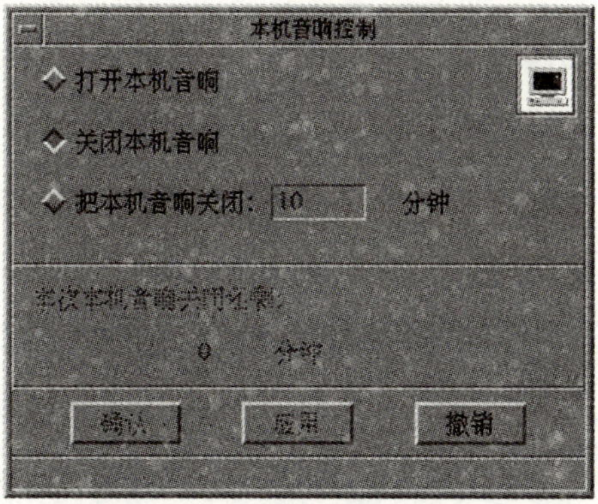

图 3-1-21　"本机音响控制"对话框

① 打开本机音响：其功能是打开一个工作站的本地声音报警，而不管本地声音系统是无限期的关闭了还是只关闭了一段时间。

② 关闭本机音响：其功能是关闭工作站的本地声音报警，这时出现报警声音禁止指示器📵。要想恢复声音报警必须由工作站操作员重新激活。显示效果如图 3-1-22 所示。

③ 把本机音响关闭一段时间：该设定可以在一段时间禁止本地声音报警，这时会出现时间间隔指示和倒计时器，该时间间隔过去以后，本地声音报警就会自动恢复。

如果当前报警显示处于无人值班模式下的时候，本地声音报警会自动禁止。

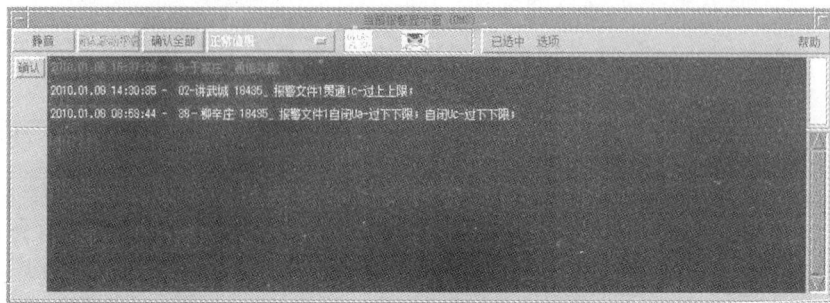

图 3-1-22 "关闭本机音响"指示

执行上述操作需要拥有本地声音报警控制权限,如果操作员没有该权限,本地音响报警菜单仍然可以打开查看本地声音报警定时的剩余时间,但是里面的三个按钮都变成灰色,无法选择。

(3) 全局声音报警

激活该选项弹出如图 3-1-23 所示对话框。

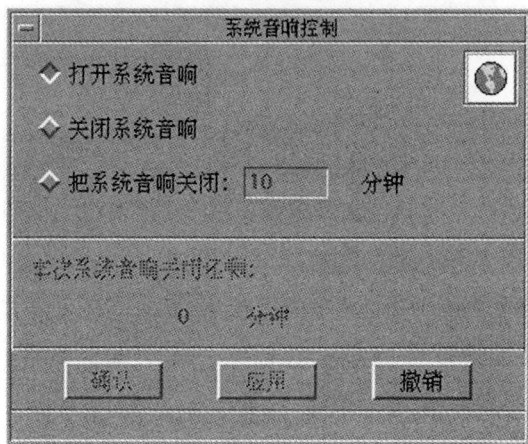

图 3-1-23 "系统音响控制"对话框

该菜单选项的功能和本地声音报警菜单选项的功能完全一致,不同的是前者影响的是全局报警声音的操作。

全局声音报警的操作需要拥有全局声音报警控制权限。如果操作员没有该权限,全局声音报警菜单仍然可以打开查看定时全局声音报警的剩余时间,但是里面的三个按钮都变成灰色,无法选择。

（4）无人值班模式

该菜单选项的左边是一个切换开关,显示当前状态。按下按钮打开该模式,按钮弹起来该模式关闭。在该模式下,状态显示区域中出现无人值班指示器🦲。由于在该模式下本机音响和全局音响全部失效,因此,会同时出现本机音响关闭和全局音响关闭指示器🔲🔲。显示效果如图 3-1-24 所示。

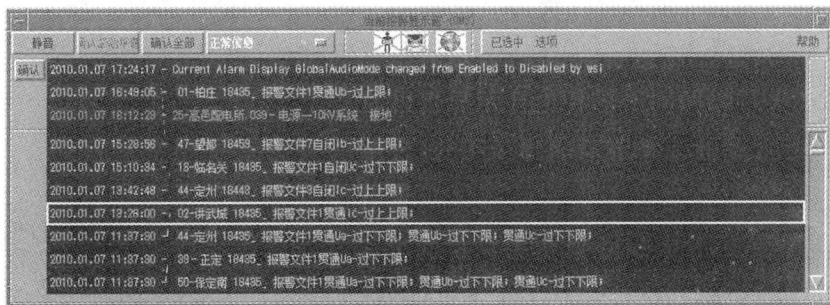

图 3-1-24　"无人值班模式"指示

如果当前报警显示处在无人值班模式下,有以下两个操作方式:

① 自动报警确认:所有的报警只要返回到正常状态就会被自动确认,这些报警仍然保存到历史报警数据库中。

② 禁止声音报警:在无人值班模式下,所有的报警都被静音。

在切换按钮把无人值班模式取消之前,当前报警显示将一直保持该模式状态。无人值班模式的激活和解除都需要拥有无人值班模式操作权限。

（5）责任区过滤

该选项可以打开或关闭责任区报警过滤器。报警过滤器控制着过滤报警列表中的报警信息,并且一启动就自动打开。其开关按钮位于责任区报警过滤器的左边,当按下切换按钮时,启用该模式,弹起时关闭该模式。

（6）重新初始化

该选项对当前报警进行重新初始化操作,会导致报警列表重排,并删除所有报警的内部记录,扫描实时数据库创建新的报警列表。如果某报警源产生的最后一个报警未被确认,则它会被加到新的列表中,如果已经被确认了的话,只有在非正常状态下才会被放到新的列表中。

重新初始化操作后,在每一个报警源中的确认或未确认报警信息均不会超过一个。该报警源以前未确认的任何报警都会被移走,但是可以通过报警历史显示进行查看。

操作员必须拥有对报警进行重新初始化的权限才能进行该项操作。当报警状态显示区域出现 OVER-FLOW 图标时,可以进行重新初始化操作。

3.1.4.6 报警信息显示区域

报警信息显示区域被一条分界线隔成两个主要部分,上面是当前报警区,下面是滚动区。

1. 当前报警区

该区显示的是新产生的报警,最新的报警总是出现在该区的最上面,其余报警将相应向下滚动。除了在初始化情况下,当前报警显示总是按照它接收到报警的顺序进行显示,而不一定是遥信报警产生的时间标记顺序。窗口的尺寸是预先设定的,只有系统管理人员在系统配置时才能修改。

2. 滚动报警区

该区显示的是报警列表中除当前报警区显示内容以外的部分。可以通过右边的滚动条进行查看。该区有两种操作模式:连续模式和独立模式。

3. 分界线

(1)连续模式

在连续模式下,当前报警区和滚动报警区是一个连续的报警列表,并具有滚动条,中间没有分界线。当新的报警插到列表的上面时,整个列表可以向下滚动。

（2）独立模式

在独立模式下，只有当报警信息完全占满整个当前报警区域和滚动区域的时候，滚动区域才会被独立出来，这时两部分中间出现一条分界线。

把滚动区域独立出来的步骤：

① 单击并按住滚动块；

② 往下拖动滚动块，直到分界线出现；

③ 释放鼠标左键。

当拉动滚动块或屏幕上的报警信息被移走时，屏幕上的视图才会发生变化。把滚动块移到屏幕视图的顶部时，滚动区域又和当前报警区连接到一起，这时中间的分界线消失。

如果当前报警显示窗口扩大，则滚动报警区也相应的扩大。

4.严重等级指示器

它是位于当前报警区右边的一个彩色小方框。其颜色显示出当前报警列表中最高的严重级别。该指示器提供了最严重报警的直接的视觉效果。没有报警时，指示器的颜色和背景颜色一样。

5.报警信息外观

（1）文本

报警信息由日期、时间和报警文本组成。报警信息的颜色显示报警的严重性，未确认的报警用闪动文本表示，而确认的报警用静态文本表示。

注意：颜色和声音是在系统中进行配置的，单个的用户不能改变这些属性，以保证系统颜色和声音的一致性。

（2）确认按钮

在未确认的报警信息的左边有一个确认按钮，用来对该特定的报警进行确认，当该报警信息被确认后，由相同的报警源产生的旧的报警同时也会被确认。报警确认完毕以后，按钮消失。

3.1.5 画面显示窗口

画面显示是操作员对系统进行监控的主要应用程序的界面。它的操作窗口大约占了 2/3 的屏幕。画面显示窗口可被分成 4 个独立窗格,每个窗格代表一个独立的画面,并可进行缩放。

3.1.5.1 窗口控制

画面显示可通过两种不同类型的窗口来实现,即固定主窗口和临时窗口,前者是永久性的,它具有固定的位置,最大可分成 4 个窗格。而临时窗口(除了弹出菜单外)可以移动,调整尺寸和图标化,每一个窗口都可以进行缩放。

1. 主窗口

主窗口在屏幕的下面(如图 3-1-25),能显示 1~4 个画面。只要系统一启动,主窗口就打开了,它不能被最大化、移动或图标化。主窗口的 4 个独立窗格(如图 3-1-29)都具有一个标题栏来显示该窗格内画面的名称。

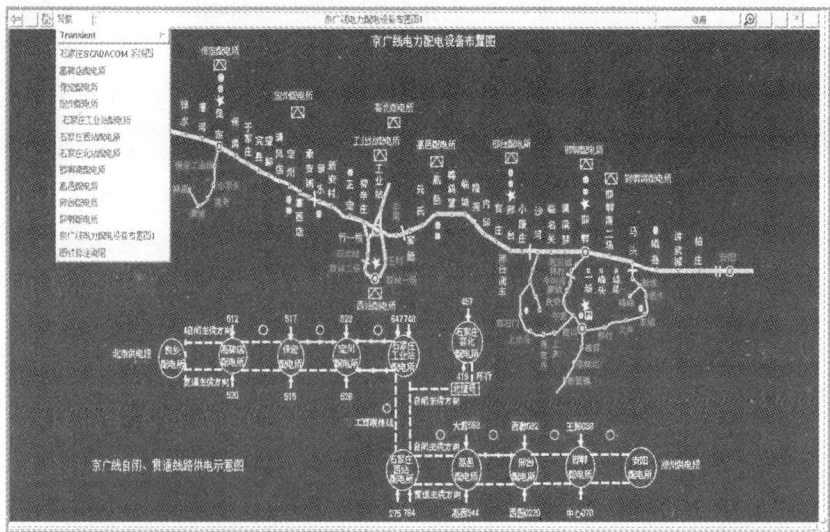

图 3-1-25 主窗口画面

窗格内的画面可以不同,但所有的窗格的标题栏中都具有相同的控制按钮。每一个窗格均具有下述功能:

(1)上一个/下一个按钮 ← →

单击左箭头,切换到上一个画面;单击右箭头,切换到下一个画面。

(2)起始按钮 ⌂

按下该按钮,当前画面就被系统的起始画面所代替。

(3)导航按钮 导航

用户可以通过"导航"下拉菜单选取经常使用的画面,该列表是由配置人员设定的。从列表中选择任一个画面均可将当前的画面覆盖。

(4)画面标题

标题标签是该画面的名称,它可以用来进行画面从一个窗格到另一个窗格的传输。

(5)画面模式按钮 当前

该按钮切换显示的画面是在当前模式还是在历史模式。在历史模式下,历史时间就被显示出来,这时,文本会变成黄颜色加以区别。通过该按钮还可以调用对话框进行模式设定。

所有的画面都可以以当前模式或历史的模式进行查看,把画面从当前状态切换到历史模式下,用户进行如下操作:

① 单击画面显示的标题栏的画面模式按钮,打开历史模式对话框,如图 3-1-26 所示。

② 在画面模式对话框中,用切换按钮,把模式设定为历史模式,输入需要的历史时间。操作员可以单击当前按钮选择当前时间,并可以用标准化按钮把时间规格化到最近的时间(小时/天)。右箭头表示前进历史时间,左箭头表示倒退历史时间。

③ 如果确认改变模式设定,选择确定,相反选择取消。选择确定,对话框就会消失,标题栏上的画面模式按钮将显示数据正在检索,检索完成后,"RETRIEVING"文本将改为新时间(或"当前")。

④ 如果用户希望把画面改回到当前状态,只需要重复上述步骤。

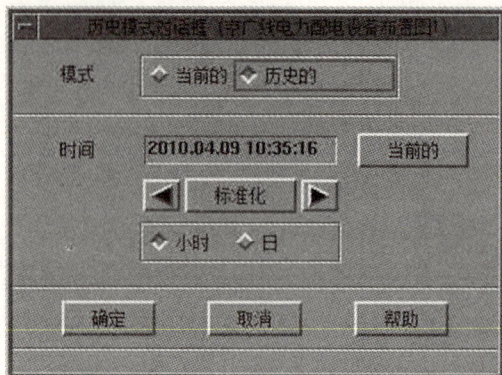

图 3-1-26 历史模式对话框

当然，在第二步的时候，把切换按钮设定为当前模式再单击确定按钮。

图 3-1-27 为历史模式下的画面。模式按钮处为黄色字体。具体效果详见附录 B 彩图。

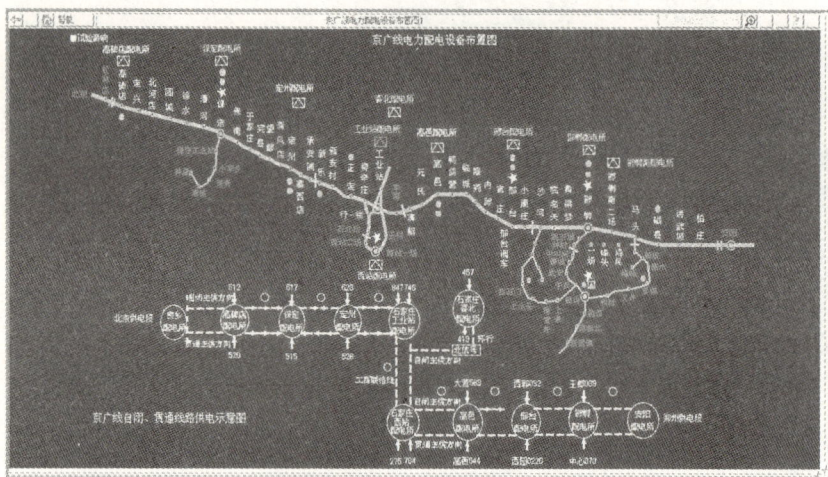

图 3-1-27 历史画面

（6）放大、缩小与重新放设定

放大、缩小、重新设定（ZOOM RESET）操作可以通过标题栏和窗格菜单进行。

① 放大：调用该方式后，光标变成十字准线，这时可以拖动鼠标

进行放大操作。

② 缩小:缩小功能和放大功能类似,不同的是进行缩小操作。但是如果该画面当前未作过放大操作,就无法进行缩小操作。

③ 重新设定:该功能恢复到默认的缩放设定。它不需要进行鼠标操作,滚动即可调整到适合窗格的尺寸。如果该画面当前未作过放大操作,就无法进行重新设定操作。

(7)打印按钮

该按钮允许用户对窗格内的内容进行打印。画面将被送到已配置好的画面打印机,多个画面可按先后依次打印。

2.窗格内容传输

借助拖放或基本传输的方法均可把画面从一个窗格传输到另一个窗格。

(1)拖放的方法

① 鼠标中键单击并按住窗格的画面标题,光标从原来的标准箭头变成拷贝拖放光标标记;

② 把光标拖到窗格的目的地,光标可以在目的窗口的任何位置;

③ 释放鼠标中键。

(2)基本传输方法

① 单击窗口画面标题栏,标题栏变亮,边缘为白色;

② 光标定位到目的窗口的画面标题栏上;

③ 单击鼠标中键,完成内容传输。

两种方法的最终效果是一样的。

3.调整窗格大小

主窗口可以作为一个大的窗口,也可以通过一个垂直拆分块和两个独立的水平拆分块把主窗口分成 4 个窗口(如图 3-1-28)。要对主窗口进行划分,首先把光标放到拆分块上,按住鼠标左键,拖到需要分割的地方释放鼠标即可。

调整窗格尺寸的步骤:

① 用鼠标单击窗口的拆分块;

水平拆分块

垂直拆分块

图 3-1-28 调整窗格

② 把拆分块拖到需要进行分割的地方；

③ 松开鼠标左键。

拆分后，新的窗格内是系统的起始画面或窗格中原来的画面，拆分前原始窗格内仍为原来的画面，每一个窗格在其下面都有一个独立的拆分块。把主窗口分成 3 或 4 个窗格，可重复以上操作，拆分后的画面如图 3-1-29 所示。

4.拖动

如果画面太大而不能一屏显示，可以利用滚动条。滚动条包括滚动块和滚动箭头（如图 3-1-30）。通过在滚动条内拉动滚动块就可以显示所需要的画面的不同位置。操作员可以利用滚动条来操作和控制画面，而不需要把画面缩小到一屏内。

操作方式：

① 单击并按住滚动条的滚动块；

② 在通道内把滚动块拉到所需位置。

滚动条还可以通过单击移动。单击滚动块的任何一边都会导致画面朝这一个方向的满屏滚动，而单击滚动箭头只能在屏幕上移动一小步。

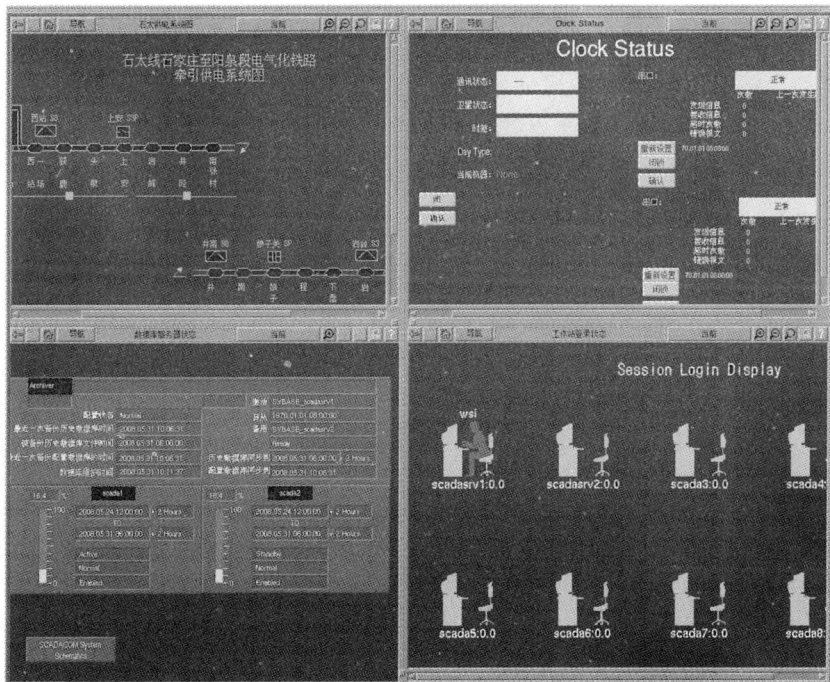

图 3-1-29　具有 4 个窗口的画面

5. 临时窗口

主窗口最大可有 4 个独立窗格,临时窗口则有扩大显示的功能,如图 3-1-31 所示。这样,操作员就可以无限多个地创建和删除临时窗口。临时窗口的原始尺寸由画面生成器配置,如果不通过配置工具把临时窗口的功能取消,那么它和主窗口一样都具有缩放和拖动功能。临时窗口不能被分成多个窗口,但是它可以被移动、调整尺寸和图标化。

除了以下几点外,临时窗口标题栏和控制按钮与主窗口的完全一致。

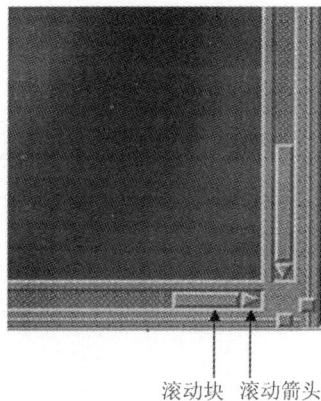

滚动块　滚动箭头

图 3-1-30　滚动条

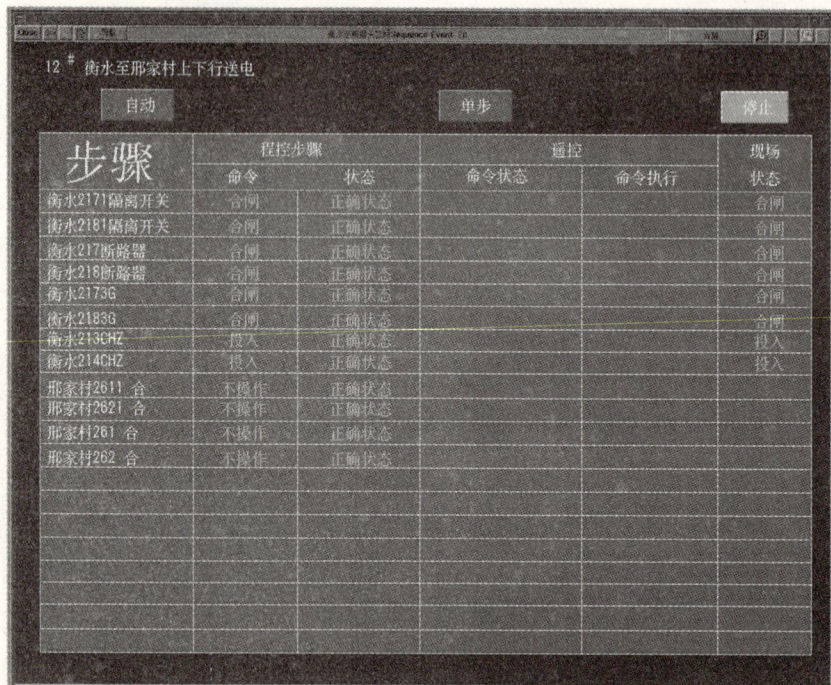

图 3-1-31 临时窗口

（1）关闭按钮（Close）

它在每一个临时窗口的左上角，能快速关闭临时显示。

（2）窗口尺寸调整

单击临时窗口的周边可以调整临时窗口的画面大小，拖动窗口位置操作方框到新的位置，然后放开鼠标左键，即可改变窗口的大小。

注意：可以通过配置工具禁止尺寸调整，从而解除临时窗口调整尺寸的功能。

（3）临时窗口的移动

单击（并按住）临时窗口的标题栏，然后拖到一个新的位置，松开鼠标左键就可以实现窗口移动。

（4）图标化

单击画面右上角的最小化按钮可以把临时窗口图标化，双击图标框的图标就解除了图标化，画面恢复到原来的大小和位置。

3.1.5.2　实时画面

实时画面可以显示数据和提供对象控制。

1.画面调用

(1)通过导航菜单调用

打开画面左上方的导航菜单,选择所需调用的画面。

(2)通过主画面上的文字描述调用

例如要调用柳辛庄的主接线图,只需在主画面上单击一级图上的文字"柳辛庄"即可。如果是单击文字,则主接线图替换当前画面;如果双击文字,则弹出一个新的临时画面。

注:并不是所有文字单击后都可以切换到相应画面的,因为有些文字纯粹是描述性的,没有相应的超链接画面与之对应。

(3)通过画面索引调用新画面

通过导航菜单调出索引画面,再单击所要调用的画面。同样,如果是单击文字,则信息图替换当前画面;如果双击文字,则弹出一个新的临时画面。

2.画面介绍

(1)系统布置图(一级图)

如图 3-1-32 所示,该画面显示系统涵盖的范围及被控站的类型和名称。

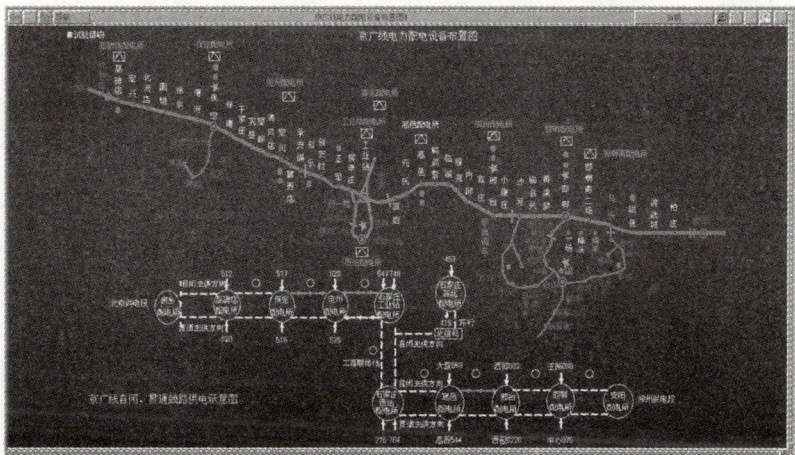

图 3-1-32　系统布置图

（2）系统总图

如图 3-1-33 所示，该画面显示远动系统的设备构成、网络结构和通道结构。

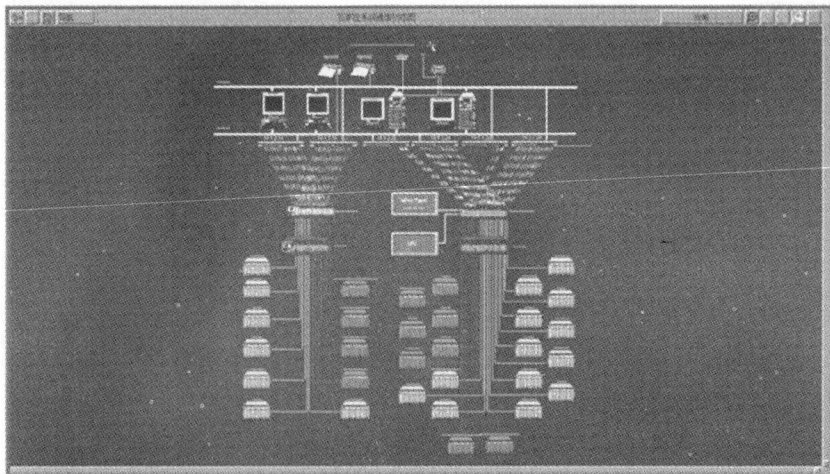

图 3-1-33　系统总图

（3）系统硬件状态图

如图 3-1-34 所示，该画面显示主站服务器和工作站的运行状态，计算机绿色表示同步，黄色表示正在同步，红色表示失步。与主、备网

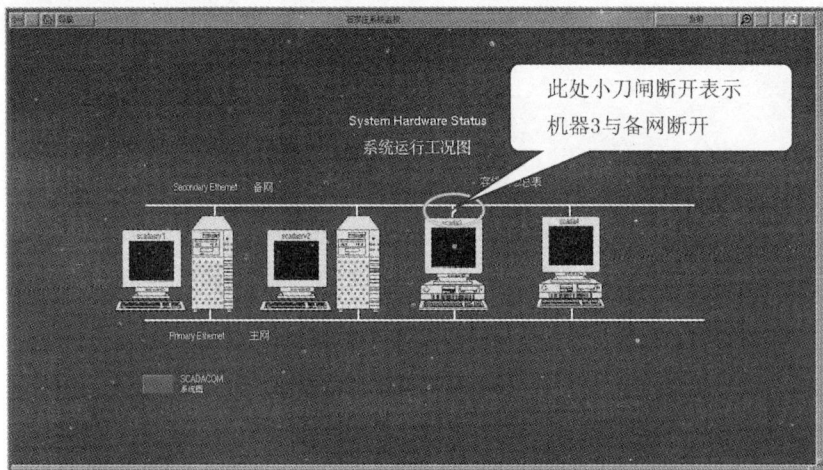

图 3-1-34　系统硬件状态图

连接的线断开表示此网不通，接上则表示此网运行正常。

（4）数据库服务器状态

如图 3-1-35 所示，该画面反映两个服务器的数据库的状态。正常情况下画面没有红色的数字。如果出现红色的数字，说明数据库同步出了某些问题，应通知系统维护员处理。

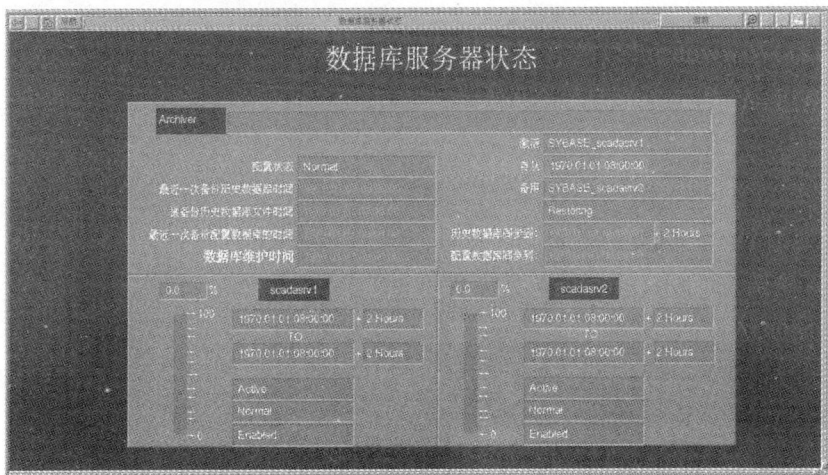

图 3-1-35　服务器状态图

（5）容错状态表

如图 3-1-36 所示，名称栏对应着 SCADACOM 软件的主要进程，当前连接栏表示该进程当前运行在哪一台计算机上，状态有主、备、无 3 种状态。例如当 1 个进程配置成在计算机 1、2、3、4 上运行，虽然此时 1、2、3、4 上都运行该进程，但只有 1 是起作用的。如果 1 上出现异常情况，导致该进程退出后，2 自动接管；同理，2 退出后 3 接管，3 退出后 4 接管，4 退出后 1 再接管（循环）。当该进程运行在 1 上时，状态就是主；运行在 2、3、4 中任一台时，状态就是备；如果在所有计算机上都退出了，那状态就是无。

注：如果出现进程状态为无的情况，应通知系统维护员处理。

图 3-1-36　容错状态表

（6）用户登录显示

如图 3-1-37 所示，该画面反映用户在各机器的登录情况，目前显示用户 wsi 登录在 scada3、scada4 上。

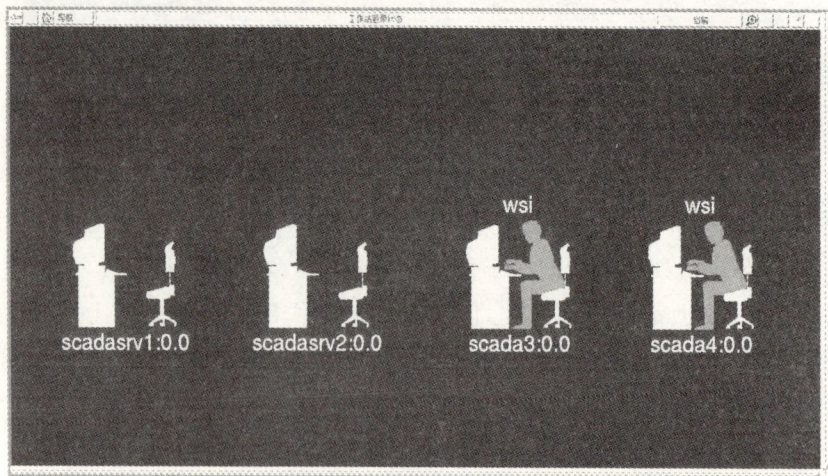

图 3-1-37　用户登录显示

（7）GPS 时钟状态

GPS 时钟状态如图 3-1-38 所示。

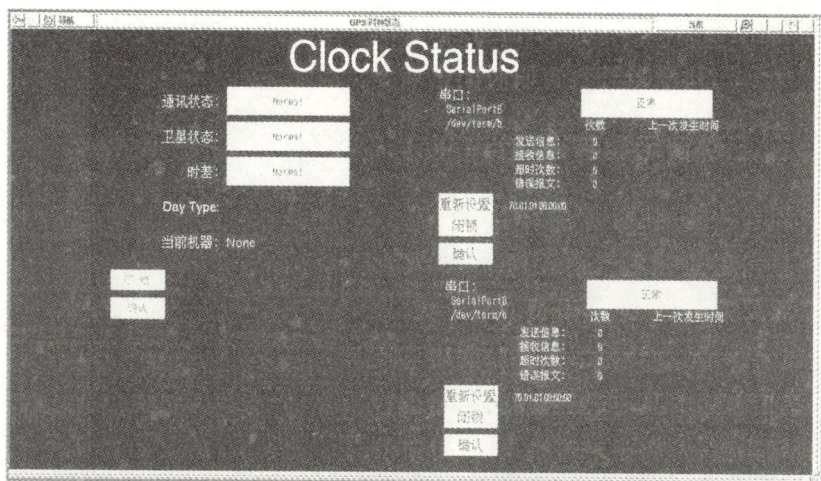

图 3-1-38　GPS 时钟状态图

(8)配电室主接线图

如图 3-1-39 所示,该画面反映高邑配电所一次设备的运行状态。开关的分合闸状态和带电状态,详见附录 B 彩图。

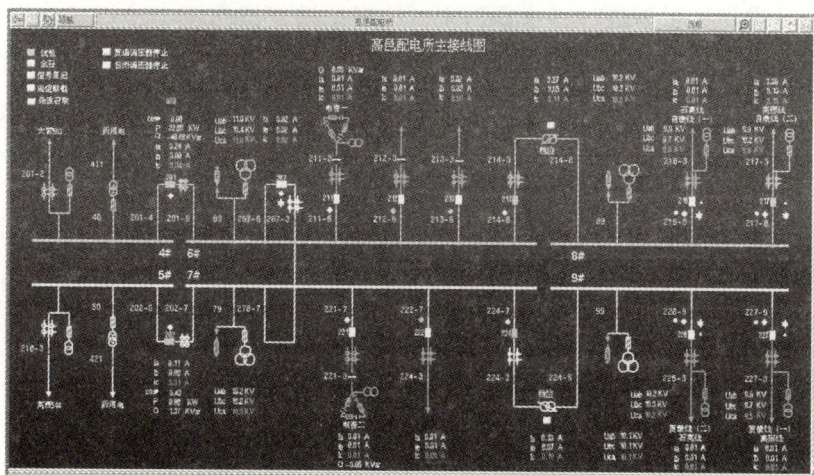

图 3-1-39　配电室主接线画面

(9)FTU 主接线图

如图 3-1-40 所示,该画面显示隆尧车站高、低压开关的运行状态,自闭、贯通线路的电流电压值和运行趋势,详见附录 B 彩图。

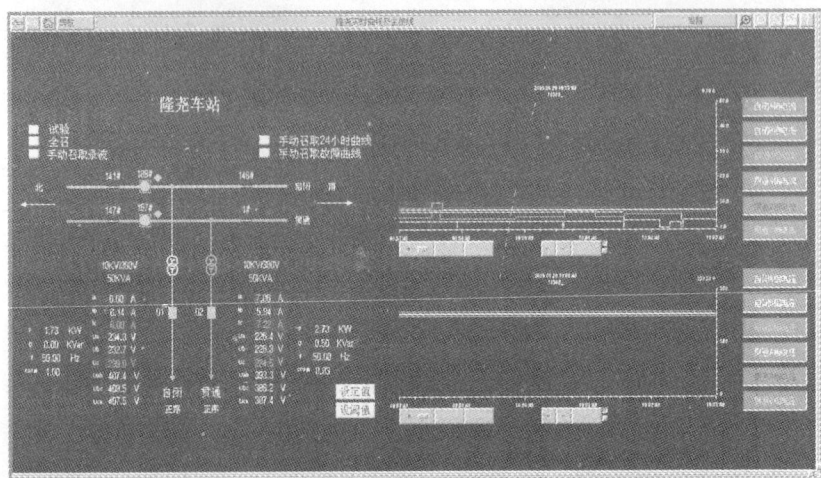

图 3-1-40　FTU 主接线画面

(10)弹出画面

该画面是一个特殊的实时画面临时窗口,能够从画面的图形中调用。操作员可以通过弹出画面来对该对象进行操作。

双击代表对象的图形就可以弹出画面,例如双击"试验"对象图形,就弹出如图 3-1-41 的试验遥控对话框。同样,弹出画面还可以在

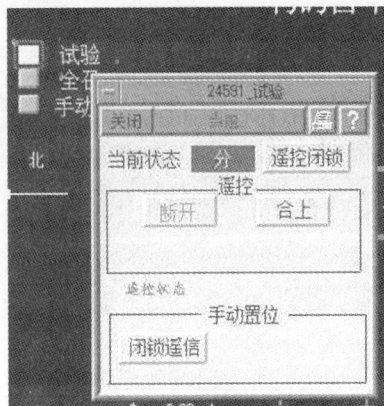

图 3-1-41　遥控弹出画面

感兴趣的对象上用鼠标右键以相同的方式调用。

注：控制弹出画面处于休止状态 10min 后，便会自动消失。

弹出画面具有单独控制特征。该特征防止多个操作员同时控制一个对象。如果同一个对象的弹出画面在系统的其他工作站上已被调用，就不能对该对象调用新的控制画面，同时系统会发出蜂鸣声。

以 212 断路器为例，讲解对弹出画面中对象的遥控操作。

① 双击该断路器的图标，弹出如图 3-1-42 所示的画面。

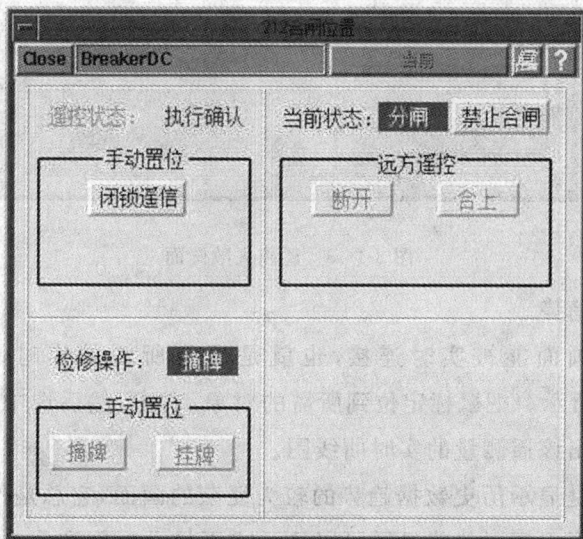

图 3-1-42　遥控选择画面

此时 212 断路器的图元上出现一个紫色方框，表示正在对该对象进行操作。

② 单击分闸或者合闸进行操作。如果控制不成功，会出现如图 3-1-43所示的画面，画面右下方会出现提示信息提示用户不成功的原因。

③ 选择成功后会弹出"执行确认"对话框，单击"执行"按钮。向测控装置发出分闸或合闸指令，如果操作成功，返回遥信信息。

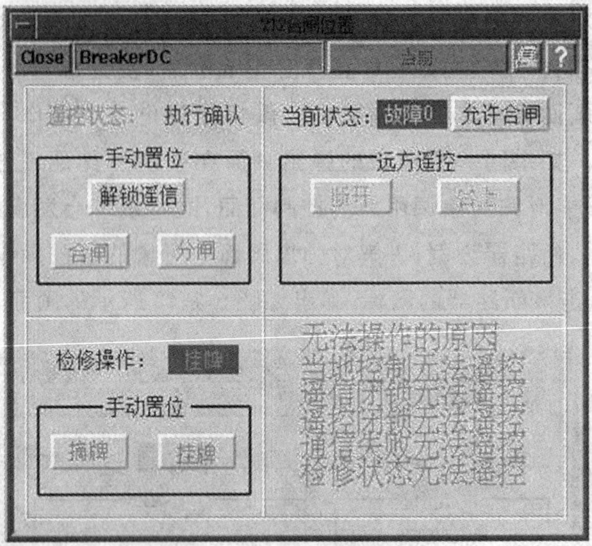

图 3-1-43　遥控失败画面

（11）趋势

趋势画面能被实时连接，也就是通常所说的实时曲线图，如图 3-1-44所示。把鼠标定位到所需的对象，右击，然后选中趋势选项，就可以调出该遥测量的实时曲线图。

趋势是显示历史数据趋势的较为复杂的画面，它总是作为画面上唯一的图形出现。趋势显示可以显示或不显示时间和值坐标，也可以以历史模式或当前模式的形式显示数据。当前数据和历史数据的趋势都可以检索，历史数据要从历史数据的数据中进行检索，然后加入当前数据中，以便在同一个图形区可以显示两种数据，当前数据要比历史数据更新得频繁。

趋势的图形区中有可选择的横轴、纵轴和控制按钮。趋势画面可以配置成多个趋势曲线，数目没有限制。例如可以用一张趋势图对多个电流进行监视。趋势图可以放到画面的任何位置，画面中可以包含如标题、导航目标和其他项目。

趋势图可在历史模式和当前模式之间进行切换。在当前模式下，图形区的右边新的数据自动更新趋势画面，图形的其余部分滚动到左边。在历史模式中提供了时间光标,且可以通过功能键或其他的交互对画面进行缩放或滚动显示。

趋势的显示可以有不同的配置,如配置成简单的条形图,时间标尺可以进行缩放或满屏,如图 3-1-44 所示。

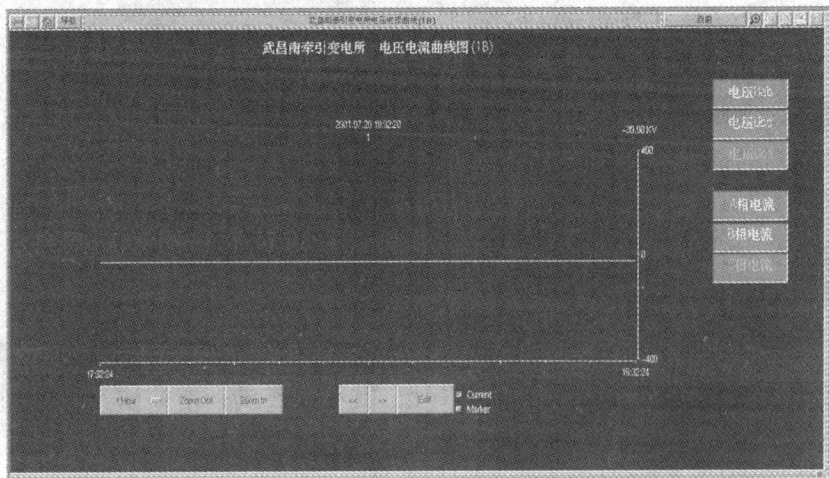

图 3-1-44 实时曲线图

① 曲线按钮。

单击画面中右侧按钮可使按钮在凹下与凸起状态间切换。按钮凹下时,显示相应的曲线;按钮凸起时,消隐相应的曲线。

· 曲线

曲线是数据的有效值点随着时间的变化而描绘的线。曲线的颜色和右边按钮上名称的颜色一致。

· 时间坐标

水平的时间坐标在趋势的最底部。在历史模式下,时间和日期标记都在图形区的上部以显示光标时间。时间间隔按钮控制着用于趋势显示的时间单元。

· 值坐标

垂直的值坐标位于图形区的右边。如果在一个趋势上有多个曲线,可以用值的弹出菜单进行选择。

② 趋势按钮 [1 Hour] [Zoom Out] [Zoom In] [<<] [>>] [Edit] ■ Current ■ Marker 。

在趋势图的最下面有一系列的趋势控制按钮,通过这些按钮,操作员可以进行当前模式的切换、滚动显示、时间单元的改变和显示的缩放等。

• 当前模式(Current)

使用当前模式按钮(凹下表示选中),可以在当前模式和历史两种模式之间进行切换。在当前模式下,趋势会利用数据库中的最新的数据进行自动更新,新的数据会出现在图形区的右边,而其余部分就会滚动到左边。只有在当前模式按钮按下时,趋势才会在曲线上保持当前数据;否则,趋势画面不会移动时间坐标轴显示当前数据。

• 标记(Marker)

该切换按钮能在曲线和显示曲线采样点标志之间进行转换。按下该按钮,就会显示数据各点的标记,但不会连成一条曲线;反之,则会把数据点连成曲线,但不显示数据点标志。

• 左方滚动和右方滚动($<<$,$>>$)

它们用于待显示的时间范围太大,窗口无法显示的情形。按下左方滚动,显示在前趋势数据;相反的,右方滚动则会显示在后趋势数据。

• 编辑(Edit)

只有当操作员拥有历史数据编辑权限时,编辑按钮才会出现在趋势画面中。按下此按钮,出现编辑历史数据弹出画面,操作员可以对存储在历史数据库中的历史数据进行编辑。要编辑一个历史值,用户必须输入一些区域,如数据的新值和起止时间,根据编辑的属性的不同,值编辑区可以允许字符串、时间、整数和浮点数据的输入,也可以从菜单中选择布尔型数据。按下 OK 按钮,完成编辑。

• 时间间隔

时间间隔按钮调用的下拉式菜单中有趋势显示不同的时间间隔,时间间隔的不同将影响趋势显示信息的多少,由趋势显示所支持的时间间隔都在表 3-1-1 中列出,其子间隔在时间坐标上。这些时间间隔是固定的、不能配置的。

· 放大与缩小(Zoom out,Zoom in)

利用缩小按钮,操作员可以很快的把时间间隔调小一个级别(时间间隔更大);而利用放大按钮,操作员可以很快的把时间间隔调大一个级别(时间间隔更小)。

③ 其他操作。

可以通过鼠标对趋势进行各种操作。例如:图形区居中、图形区的缩放、数据点坐标的显示和值坐标菜单的访问。

表 3-1-1 时间间隔

时间间隔	子间隔
10 s	1 s
1 min	15 s
10 min	1 min
1 h	10 min
6 h	1 h
1 天	1 h
1 个星期	1 天
1 个月	1 天
1 年	1 个月

· 图形区居中

把鼠标放到需要移动的时间上,然后移动到趋势图的中间,释放鼠标左键。

· 图形区缩放

a. 单击起始位置并按住鼠标左键,光标变成图形移动光标;

b. 拖动鼠标直到达到所需区域;

c. 释放鼠标左键。

· 值坐标弹出菜单

因为一个趋势可能有多个曲线,利用菜单就可以操作多个曲线的值坐标。把鼠标放到值坐标上右击就可以打开该菜单。对于只有一个曲线的趋势,该菜单不起作用,因为值坐标永远对应这个唯一的曲线。

· 显示特定时间的值

单击值坐标,把光标移动到曲线区域,然后单击并按住鼠标中键,这样可以显示鼠标位置有关的曲线的值和时间,左右移动鼠标,可以显示时间坐标上其他点上的值。

3.1.6 报警历史显示

报警历史显示用于检查以前在运行环境中所产生的报警信息,它将整个报警信息缩减为更易管理的报警信息子集,能在当前报警显示或画面显示状态下被调用。

3.1.6.1 报警历史显示的启动

1.从报警窗口启动

在当前报警显示状态下可通过选择下拉式菜单或通过单独的报警弹出式菜单来调用报警历史显示。当报警历史显示被调用时,将弹出一个新的报警历史数据过滤器对话框,它为产生报警信息的对象预先设置过滤器,如图 3-1-45 所示。

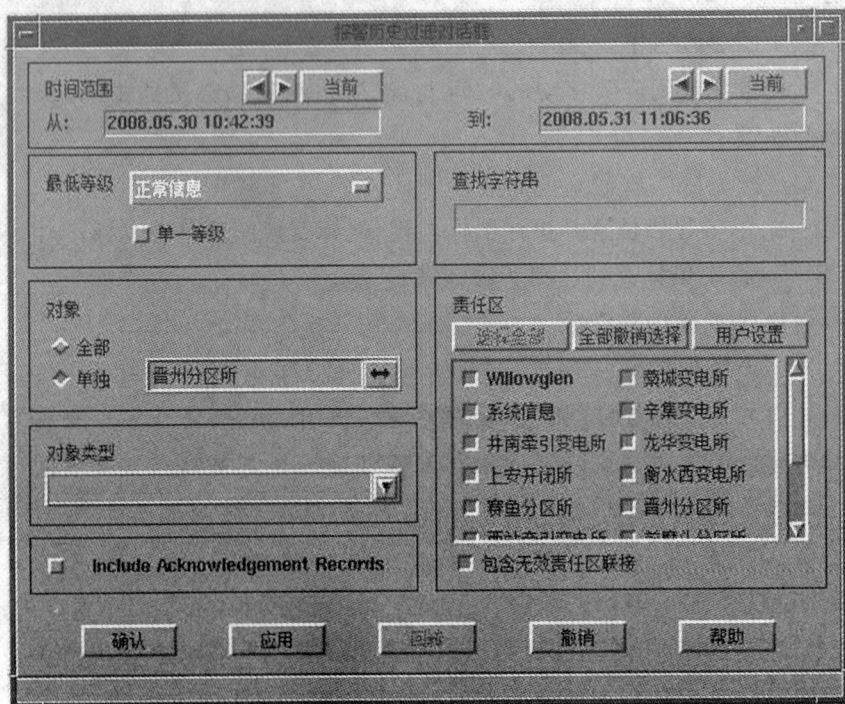

图 3-1-45 报警历史数据过滤器对话框

从当前报警显示启动报警历史显示的操作主要有两种方法。

方法一：

① 在当前报警显示状态下，选择一条报警信息，这条报警信息显示为高亮状态。

② 从"已选中"下拉式菜单中选择"报警历史"显示菜单，将打开一个过滤对话框。

方法二：

① 将鼠标指到某条报警信息上。

② 右击，弹出快捷菜单，此菜单包含能被调用的 SCADACOM 应用。

③ 从快捷菜单中选择"报警历史"命令，将弹出一个过滤对话框。

2. 从画面启动

在一个画面显示窗口中可通过对象图形（也就是与数据库对象关联的图形符号）上的弹出式菜单选择调用"报警历史"显示。当报警历史显示被调用时，一个新的报警历史过滤器对话框将打开。

画面显示状态启动报警历史显示：

① 将鼠标指到一个图形对象上。

② 右击，弹出快捷菜单。

③ 从快捷菜单中选择"报警历史"菜单弹出一个过滤器对话框。

3.1.6.2 报警历史数据过滤器

1. 时间范围（选项）

时间范围（选项）包括两个设置报警历史时间范围的文本输入框。起始参数和终止参数产生一个特定时间范围，在过滤器列表中显示的所有报警信息都将落在此时间范围内。

（1）从（参数）

"从"参数是时间范围的开始点。所有的 SCADACOM 应用程序采用相同的时间表示格式。日期必须按年、月、日输入，紧跟一个空格，然后按时、分、秒输入时间，它们之间用冒号分开，即 yyyy. mm. dd hh:mm:ss。如果时间未能按规定的格式输入，文本输入框将拒绝此时间表示,须重新输入新的时间范围值。"从"参数的默认设置由 de-faultTimeRange 来决定默认时间范围,通常设置成 1 小时。

注:如果需要,可在时间表示上增加秒的小数(例如 2005.04.27 11:32:40.15)。

(2)到(参数)

"到"参数是时间范围的结束点。时间表示格式与"从"参数相同。"到"参数的默认设置是系统当前时间。

(3)便捷的按钮

有 3 个按钮用于调整起始和终止时间值,分别是显示左箭头的按钮、显示右箭头的按钮和显示"当前"的按钮。

左箭头的按钮:增加起始或终止时间设置值,每次增加一个默认时间范围(例如 1h)。

右箭头的按钮:减少起始或终止时间设置值,每次减少一个默认时间范围(例如 1h)。

"当前"的按钮:设置起始或终止时间设置值为系统当前时间。

2.最低等级

最低等级设置菜单表明系统将搜索以此为最低等级的报警,但在最低等级为"正常信息"时,将搜索所有的报警。默认的最低等级设置为"正常信息",该选项和下面的复选框配合使用,当"单一等级"复选框选中(凹下),表示仅搜索最低等级选项里选定的等级的报警。当复选框不选中(凸出),表示搜索高于和等于该选定等级的报警。

3.查找字符串

查找字符串过滤器由一个单文本框组成,用于查找包含指定文字的报警。

注:报警历史数据的查找字符串区分大小写。

4.对象

对象过滤器通过特定对象来说明哪些报警信息包括在报警历史数据的查找中。此列表能局限于单个对象或全部的对象。

（1）全部

当选择"全部"选项时，报警历史显示忽略对象过滤器。

（2）单独

设置单个对象，可以过滤报警历史。如果从一个报警信息或画面上调用报警历史显示，则与此报警信息或画面相关联的对象将出现在"单独"按钮旁边的单元中。利用"单独"按钮产生的任何报警信息列表将仅包含与所选择对象相关的信息。

注：通常情况下该项设为全部。

5. 责任区

利用责任区也能过滤报警信息列表。为系统配置的所有责任区列表都显示在此选项的滚动窗口中，通过责任区开关按钮可以将任何不需要的责任区的信息过滤掉。只有与所选择的责任区相匹配的信息包括在报警信息列表中。

（1）选择全部

"选择全部"按钮将选择责任区列表中的所有责任区开关按钮。如果选择多个责任区，此按钮可提供一个快速选择方法。（相对于一个一个选择大量的责任区，先选择全部再去掉少量不需要的选择要容易得多。）当在滚动窗口中的所有责任区都已被选择时，此按钮不起作用。

（2）全部撤销选择

"全部撤销选择"按钮使在责任区列表中的所有责任区的触发按钮都不被选择。当在滚动窗口中的所有责任区都不被选择时，此按钮不起作用。

（3）用户设置

"用户设置"按钮采用会话管理器核对每一个操作员的责任区设置，并在报警历史过滤器对话框中自动选择同样的责任区，而所有其他的责任区不被选择。当在滚动窗口中选择的责任区与此操作员当前的责任区设置相匹配时，此按钮不起作用。

（4）包含无效责任区连接

"包含无效责任区连接"按钮决定是否包括具有无效责任区属性

对象产生的报警。当此按钮被选择时,具有该属性的报警将被包括进来。

6. 对象类型

如果需要,信息的查找范围可以仅局限于那些来自某个特定对象类型(例如遥信或遥控)的报警信息,所有的系统对象类型列在下拉式菜单中。如果对象类型没被选择(例如此选项为空),则信息的查找不含此过滤器,默认的对象类型过滤器设置为空。

7. 确定

"确定"按钮将接收当前过滤器的设置,启动报警历史显示主窗口,关闭过滤器对话框。

8. 应用

"应用"按钮将接收当前过滤器的设置,启动报警历史显示主窗口。

当"应用"按钮或"确定"按钮被单击后,如图 3-1-46 所示的对话框将弹出,报警历史数据库正在被查找中。

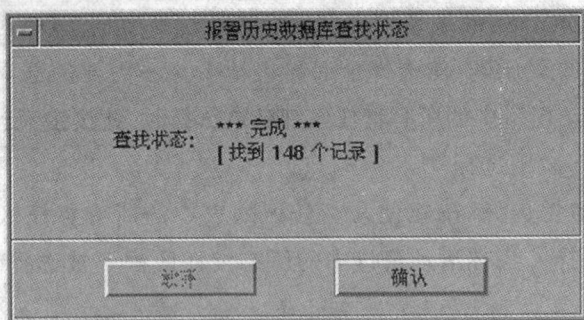

图 3-1-46 报警历史查找状态

9. 回转

"回转"按钮将忽略对过滤器设置的任何改变,恢复到上一次查找完毕后的设置状态。

10. 撤销

"撤销"按钮将忽略对过滤器设置的任何改变,关闭报警历史数据过滤器对话框。

3.1.6.3　报警历史显示窗口

主窗口分为 3 个区域,如图 3-1-47 所示。第 1 个区域是一个含有
"主要"、"选中项"和"帮助"菜单的菜单条;第 2 个区域含有一个详细
报警信息的滚动列表;第 3 个区域含有一些状态显示和按钮应用。标
题栏显示应用名称(例如报警历史显示)和正在被操作的报警历史数
据库名称(例如 chec_alarm)。

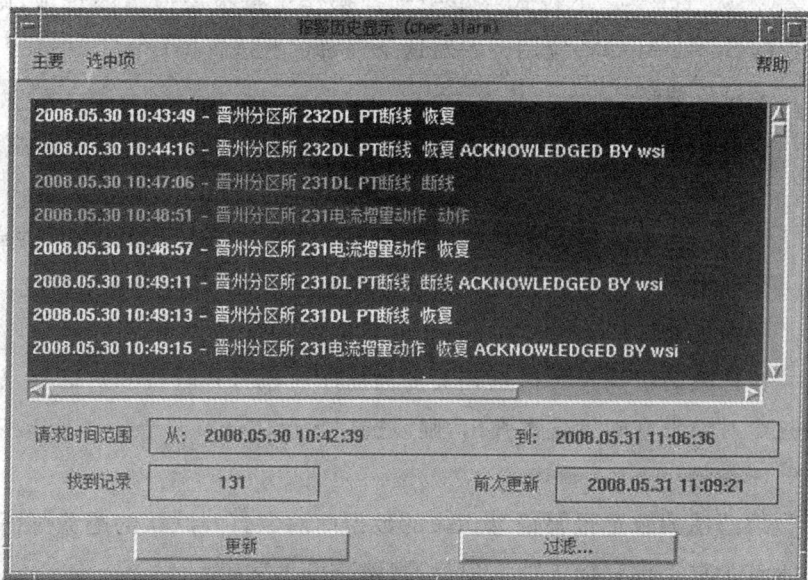

图 3-1-47　报警历史显示主窗口

1.菜单条

(1)"主要"菜单

① 打印窗口:"打印窗口"选项打印当前报警历史显示主窗口中
的信息,只有在显示主窗口中可见的那些报警信息被打印。

② 打印全部:"打印全部"选项打印所有刚搜索到的报警。

③ 关闭:"关闭"选项将关闭报警历史显示主窗口

(2)"选中项"菜单

"选中项"下拉式菜单含有一些选项,能对选择的报警历史数据信息进行操作。一个报警信息首先必须被选中,否则在此菜单中的选项无反应。

为了访问"选中项"菜单,可以进行如下操作:

① 在报警历史显示主窗口中单击某条报警信息,这条报警信息显示为高亮状态。

② 从"选中项"下拉式菜单中选择操作这条报警信息的选项,则相应的 SCADACOM 应用开始对这条报警信息进行操作。

·对象编辑器

该选项为被选报警信息相关的数据库对象打开一个对象编辑器。

·画面

该选项为被选报警信息相关的数据库对象打开默认的画面,并启动一个弹出式对话框。若该对象没有默认的画面,则该选项无反应。

·弹出对话框

该选项为被选报警信息相关的数据库对象打开默认的对话框,如果这个对象没有配置缺省弹出,则该选项无反应。

·趋势

该选项为被选报警信息相关的数据库对象打开默认的趋势画面,如果这个对象没有配置默认趋势,则该选项无反应。

·报表

该选项为被选报警信息相关的数据库对象打开默认的报表,如果这个对象没有配置默认报表,则该选项无反应。

2.信息显示区域

信息显示区域是一个滚动窗口,它允许一个操作员从头到尾浏览历史报警信息列表。此列表可以垂直和水平滚动,以便查看完整的报警信息和阅读任何太宽而不能适合显示区的信息。报警信息显示一个时间/日期标记和一个报警的彩色文本,与当前报警显示状态下一样,文本信息的颜色表明了报警的严重等级。

注:当有新的报警添加到历史数据库中时,报警历史显示不会自动更新,但是可以在任何时候通过选择"更新"按钮来更新最新列表。

3.应用区域

(1)状态显示

状态显示包含 3 个区段:

① 请求时间范围:该区段总是可见的,它显示在报警历史显示中报警列表的"从"和"到"的时间范围。

② 找到的记录数:该区段显示在最新数据库找到的历史记录数目,这个数目是当前列表中报警信息的数目。

③ 前次更新:该区段给出了最近对历史数据库进行更新操作的时间。由这个显示提供的信息,操作员能确定据此当前是否要求进行更新。

(2)更新

选择这个按钮就要求用数据库当前信息对报警列表进行更新。当操作员想查看最近采集但还未插入关系型数据库中的报警信息,要求使用该功能。

采用与当前报警历史数据相同的过滤条件执行更新功能。如果要调整当前过滤条件,会弹出一个提示信息对话框,可选择接受新的条件,或恢复到以前过滤条件的设置。

(3)过滤

"过滤"按钮将打开"报警历史显示－过滤器对话框"。如果报警历史数据过滤器对话框已经打开,它将出现在工作区的前面。

3.2　TG2004 电力远动系统

TG2004 电力远动系统调度软件应用于石德线电力远动系统,采用面向对象程序设计语言 Java 开发,图形界面采用基于 XML 的矢量图形标准 SVG 制作,操作系统为 Linux,数据库软件为 MySQL。系统配置灵活,具有可扩展性。

调度软件是远动系统最主要的人机接口,其基本操作流程如图 3-2-1 所示。

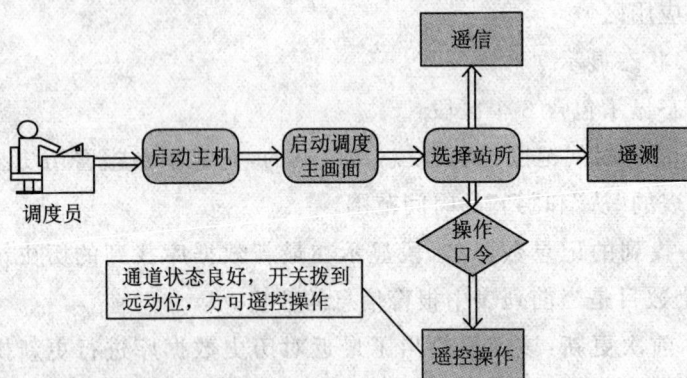

图 3-2-1 调度软件基本操作流程图

3.2.1 调度软件主界面

调度软件启动后,直接进入系统主界面,如图 3-2-2 所示。主界面就是系统的一级图画面。

主界面分为五大部分:

1. 主菜单

主菜单位于最上面,提供系统的各种功能菜单。

2. 主监控画面

主监控画面是最主要的部分,显示系统各种监控画面。

3. 系统信息提示框

流水显示系统各种提示信息。

4. 报警信息提示框

报警信息提示框显示的是报警信息,根据报警的种类,报警信息以不同的颜色在报警框内显示并伴随报警音。

5. 信息提示面板

提示用户登录信息和当前系统时间。

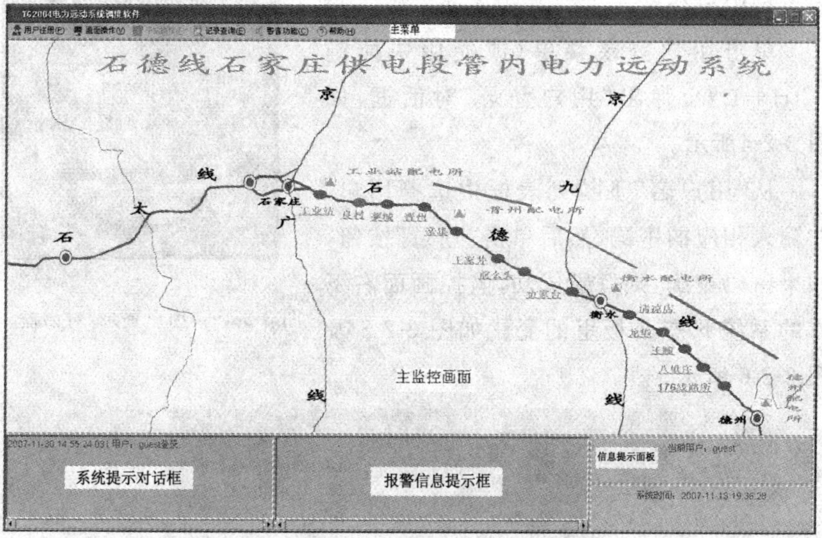

图 3-2-2　调度软件主界面

3.2.2　用户注册功能

调度软件启动后，只能浏览主界面。要使用其功能，必须先登录系统。"用户注册"下拉菜单如图 3-2-3 所示。

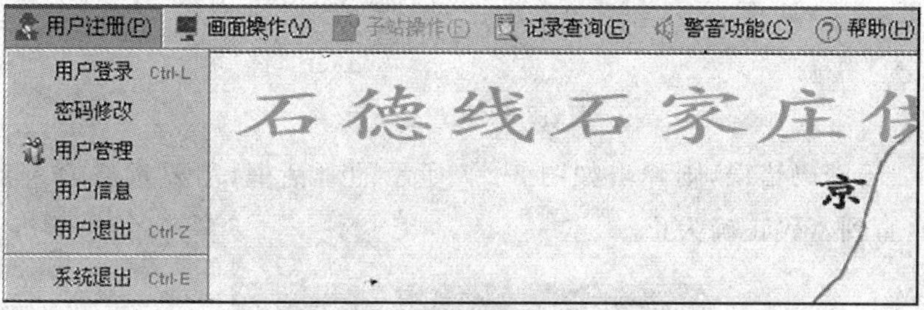

图 3-2-3　"用户注册"下拉菜单

1.用户登录

单击用户登录菜单(或使用快捷键【Ctrl＋L】),弹出"用户登录"对话框,如图 3-2-4 所示。

从"用户名"下拉列表框中选择用户,并输入相应的密码,然后单击"登录"按钮,如果密码正确,则登录成功,监控画面右下方的系统状态面板里的变化如图 3-2-5 及图 3-2-6 所示。

图 3-2-4 "用户登录"对话框

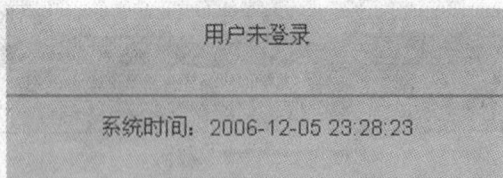

图 3-2-5 用户登录前

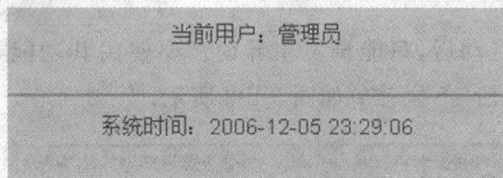

图 3-2-6 用户登录后

若密码错误,则弹出如图 3-2-7 所示的对话框,需要重新输入密码,直到密码正确为止。

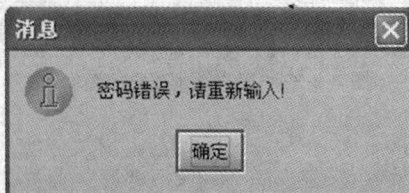

图 3-2-7 "消息"对话框

2.密码修改

需要修改密码的用户,登录后单击"密码修改"菜单项,弹出如图 3-2-8所示的"密码修改对话框",按要求输入各种信息,单击"确定"按钮即可修改当前用户的密码。

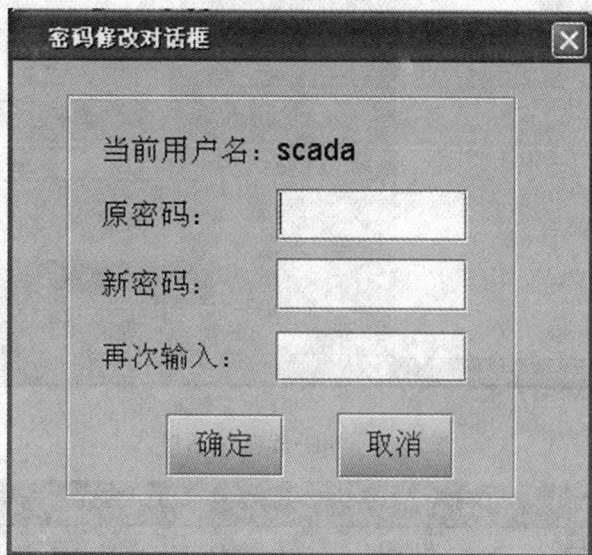

图 3-2-8　密码修改对话框

3.用户管理

为了方便管理员对用户进行管理,添加了"用户管理"菜单,单击"用户管理"菜单项,弹出如图 3-2-9 的对话框。

管理员可以选中左边列表框中的用户,单击"删除"按钮删除此用户,如果想修改用户信息,选中用户后单击"修改"按钮后进行相应修改并确定;如果要添加用户,则需填写用户 ID,用户姓名,用户密码,以及设置用户级别(浏览级别的为 1 级用户,调度员为 2 级用户,管理员为 3 级用户),还可以进行备注,然后单击"添加"按钮则添加成功。

4.用户信息

单击"用户信息"菜单可查看系统所有用户的基本信息,如图 3-2-10 所示。

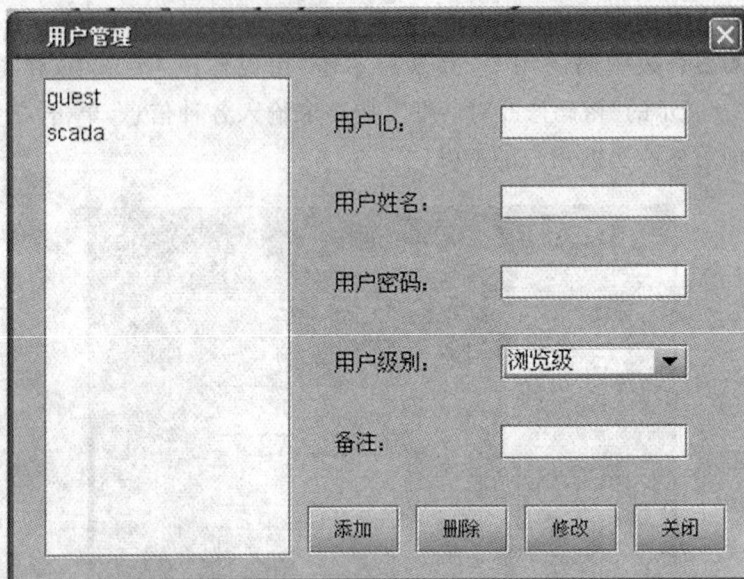

图 3-2-9 "用户管理"对话框

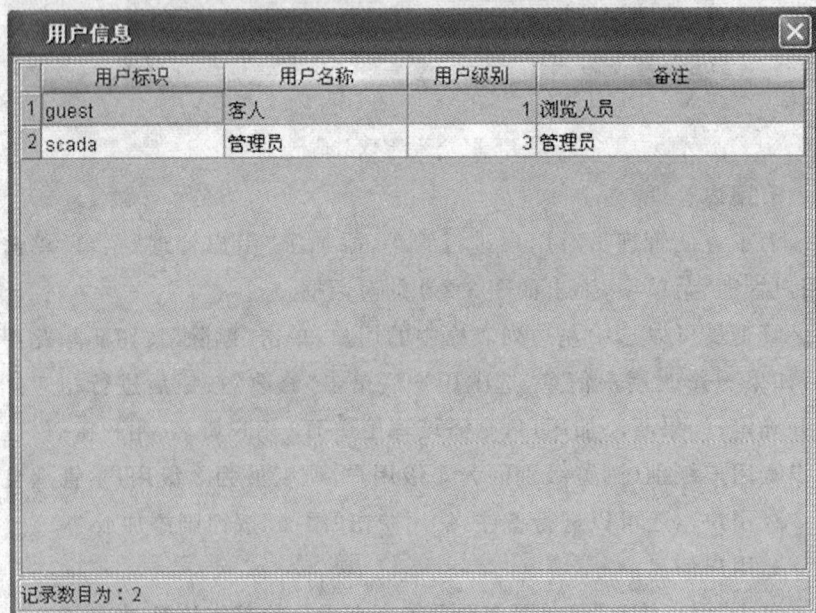

图 3-2-10 "用户信息"界面

5.用户注销

用户登录后,单击"用户注销"菜单项即可注销。

6.系统退出

用户登录后,单击"系统退出"菜单项即可退出系统。

3.2.3　监控画面

1.一级图

调度软件的主界面就是一级图,如图 3-2-2 所示。通过单击画面上的文字链接,当前画面可以在一级图、二级图和三级图之间切换。

2.二级图

二级图指供电臂图,如图 3-2-11 所示。

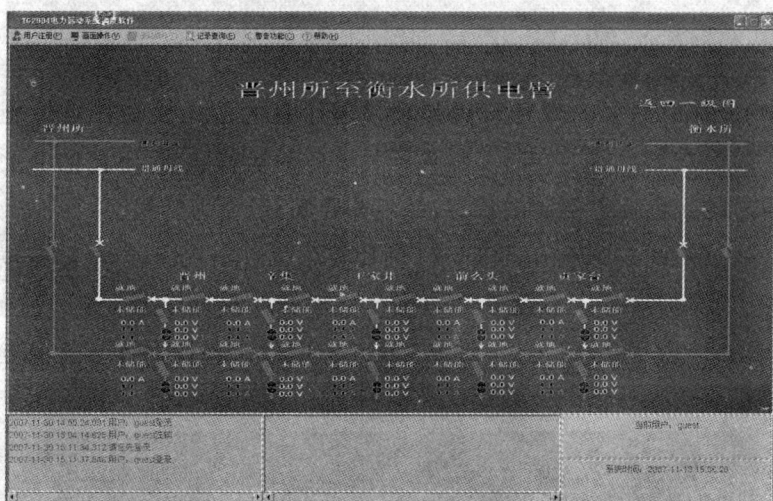

图 3-2-11　二级图示例

3.三级图

三级图指车站图,如图 3-2-12 所示。开关分合闸位置及带电状态详见附录 B 彩图。

(1)遥信功能

遥信功能指 FTU 采集各种远动开关量信息,以报文方式送到调

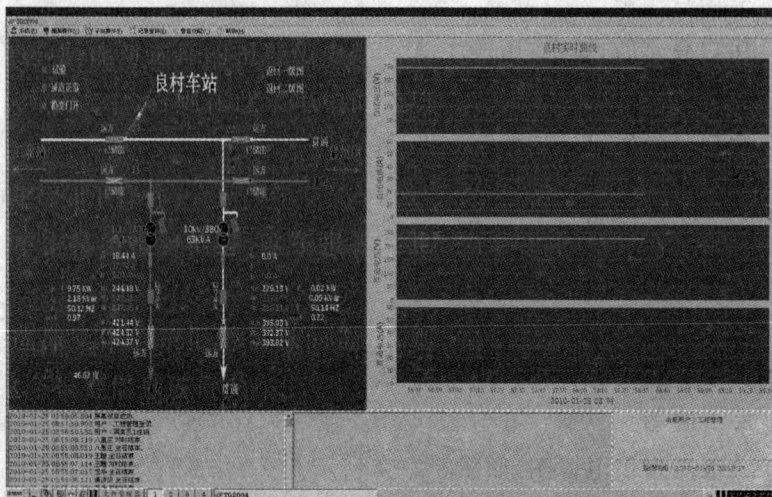

图 3-2-12 三级图示例

度中心,并以图形的变色或者弹出报警信息的形式反映在监控画面上。遥信在显示器上实时显示各开关设备的运行状态,不同的开关设备符号的颜色代表不同的状态:红色为合闸;绿色为分闸。

通过对图 3-2-13 和图 3-2-14 的比较可以看出,试验继电器变位前的颜色是绿色(代表分闸状态),操作之后开关量发生了变化,变为合闸状态。随着这样的变化,反映在画面上就是试验继电器开关的颜色由绿色变成了红色。效果详见附录 B 彩图。

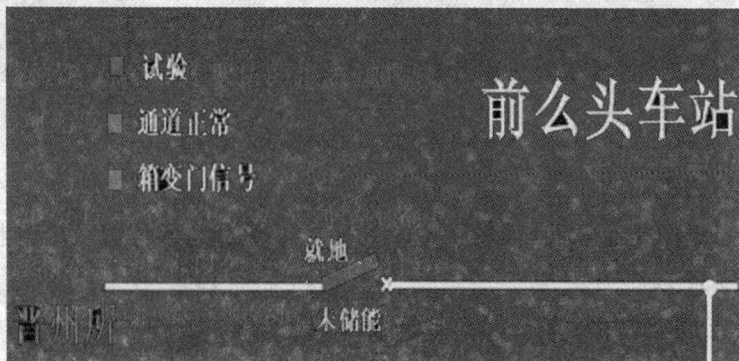

图 3-2-13 试验继电器变位前的画面

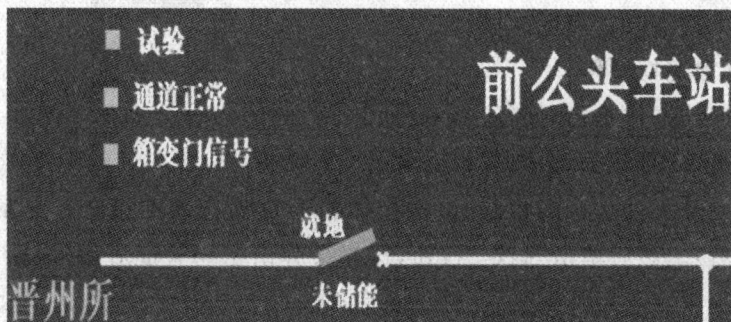

图 3-2-14　试验继电器变位后的画面

（2）遥测功能

遥测功能是指 FTU 采集各相母线电压、电流、功率和电度等模拟量实时数据，以报文的方式送往调度中心，然后由调度中心对数据进行实时处理、显示、制表或打印，图 3-2-15 所示是遥测信号示意图。

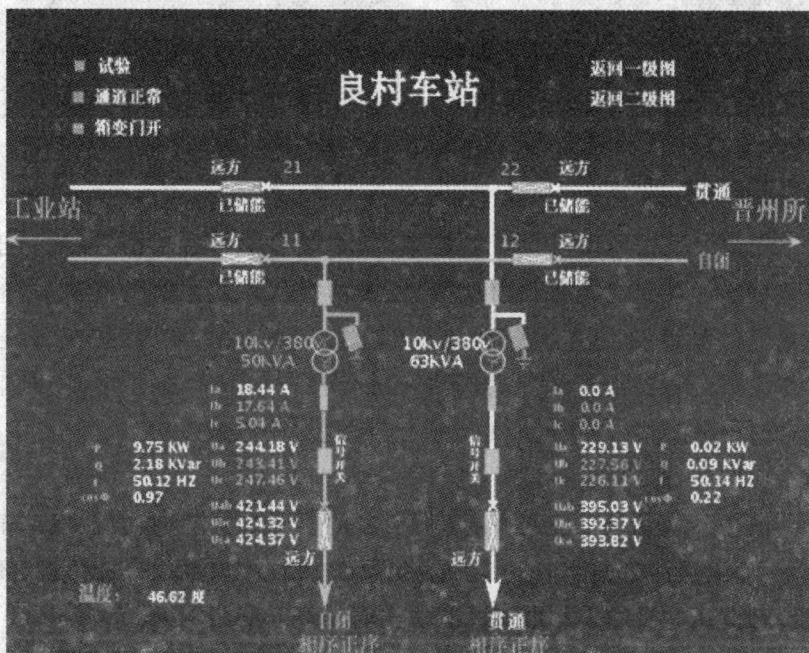

图 3-2-15　遥测信号示意图

图中画面上的数值就是从现场采集的信号经系统处理后,显示在画面上的实时遥测量。

(3)遥控操作

遥控操作是指对断路器和隔离开关的远方分合操作。例如当鼠标单击 02 号开关时,则系统跳出遥控对话框,如图 3-2-16 所示。

当开关处于合闸状态时,遥控操作会自动把遥控指定为分闸(反之亦然)。然后单击"确定"按钮,这时会弹出密码验证对话框,输入正确的用户密码后弹出"执行确认对话框",如图 3-2-17 所示。

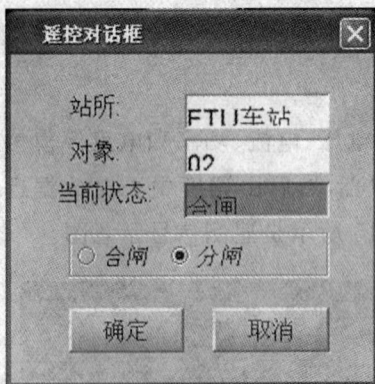

图 3-2-16 "遥控对话框"

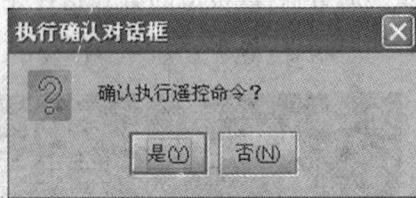

图 3-2-17 "执行确认对话框"

单击"是"按钮即可执行遥控命令,在遥控执行过程中,系统处于等待状态。若遥控成功则出现"遥控成功"提示,遥控对话框消失,遥控对象的颜色发生相应变化,此时单击提示框上的"确定"按钮,遥控操作完成。若遥控在一定时间内不能完成,则出现"遥控超时"对话框,如果遥控对象的颜色未发生变化,则此次遥控未成功。

(4)实时曲线

图 3-2-12 所示的三级图示例中,右侧显示的为实时曲线,实时显示了 12 路遥测量的实时状态,包括自闭三相电压、自闭三相电流、贯通三相电压和贯通三相电流。默认实时曲线时间间隔为 2min。

3.2.4　监控画面操作功能

监控画面操作功能通过右击监控画面弹出的菜单获得,如图 3-2-18 所示。

1. 放大

单击"放大"菜单项,即可放大当前监控画面。

2. 缩小

单击"缩小"菜单项,即可缩小当前监控画面。

3. 重新加载

单击"重新加载"菜单项,即可刷新当前监控画面,并显示适合当前窗口的尺寸。

图 3-2-18　"监控画面操作"菜单

4. 画面选择

勾选"画面选择"复选项,即可通过鼠标选择区域放大所选图形。

5. 画面导航

勾选"画面导航"复选项,即可通过鼠标导航当前图形,任意移动监控图形位置。

6. 画面实时缩放

勾选"画面实时缩放"复选项,即可通过鼠标移动任意缩放当前画面,而前面介绍的放大、缩小功能是每单击一次则按照系统设置的缩放尺寸进行放大或缩小。

7. 背景颜色设置

单击"背景颜色设置"菜单项,即可通过弹出的"调色板"对话框设置当前画板背景颜色,如图 3-2-19 所示。

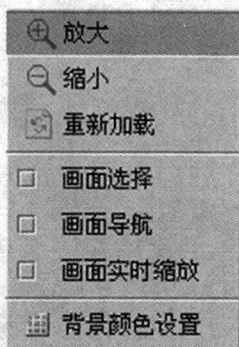

3.2.5　画面操作功能

画面操作功能菜单如图 3-2-20 所示。

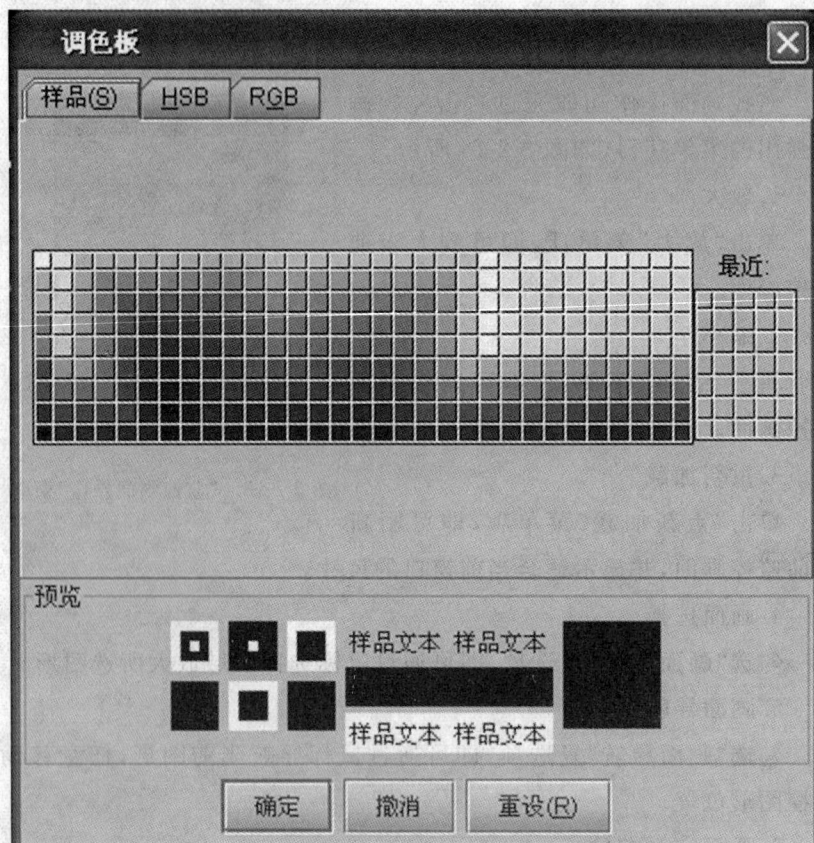

图 3-2-19 "调色板"对话框

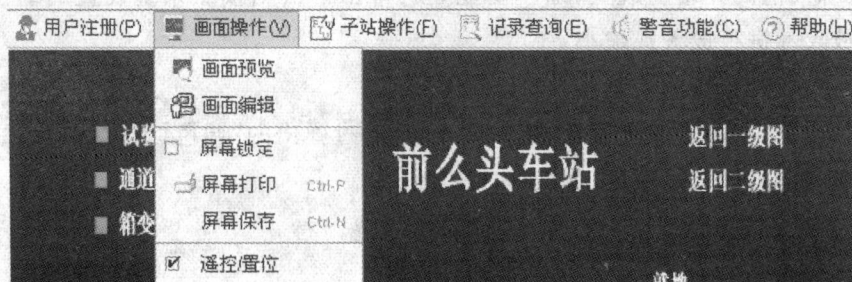

图 3-2-20 "画面操作"菜单

1. 画面预览

单击"画面预览"菜单项,弹出当前画面的预览画面,可以对编辑的画面效果进行预览,如图 3-2-21 所示。

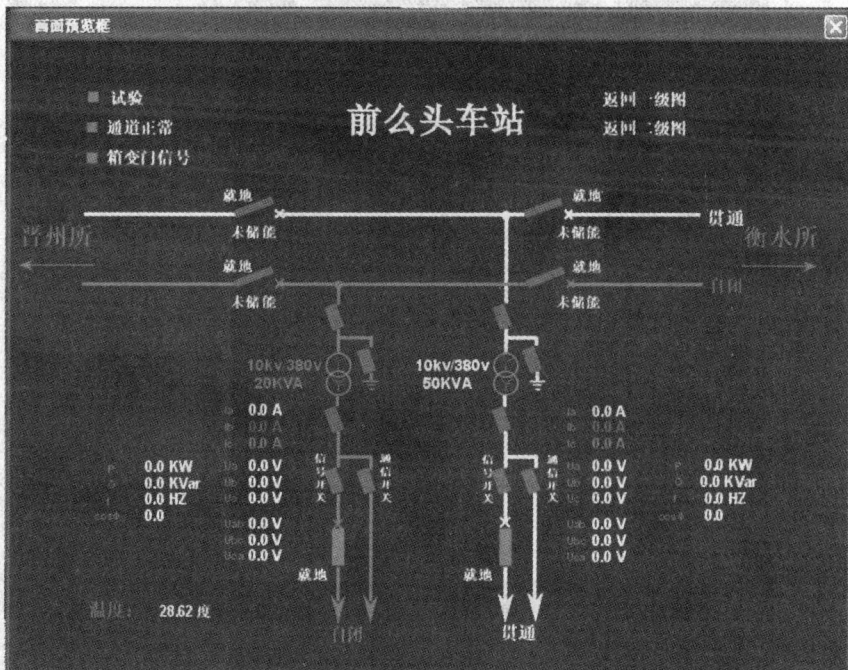

图 3-2-21　"画面预览框"

2. 画面编辑

单击"画面编辑"菜单项,启动 TG2004 电力远动系统生成软件,软件默认打开当前监控画面,并可对其进行编辑,如图 3-2-22 所示。

3. 屏幕锁定

勾选"屏幕锁定"复选框可切换画面锁定的状态,选中表示锁定。当选择锁定画面后,监控画面不再具有实时性,此时可进行画面拷贝。

4. 屏幕打印

单击"屏幕打印"菜单项,弹出"打印"对话框,如图 3-2-23 所示。单击"确定"按钮,可将整个屏幕画面发送到打印机上。

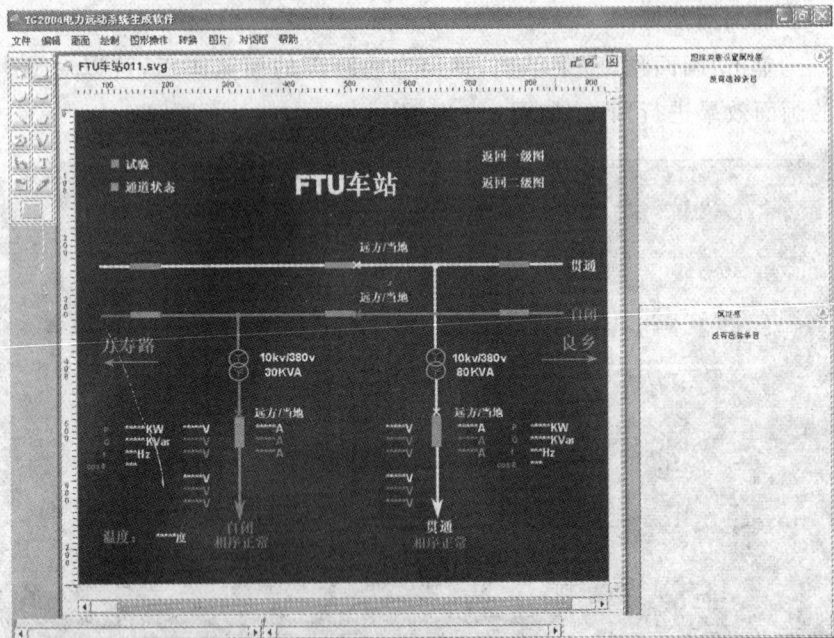

图 3-2-22　画面编辑界面

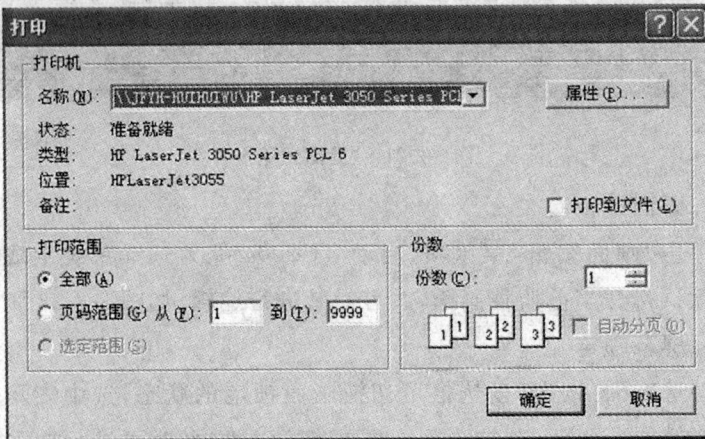

图 3-2-23　"打印"对话框（Win32 平台）

5.屏幕保存

单击"屏幕保存"菜单项，可将整个屏幕画面按照指定路径以.png

的扩展名进行保存,用户可以进行下载。

6.遥控/置位

勾选"遥控/置位"复选框可切换画面遥控/置位的状态,选中表示遥控状态,也就是正常的实时监控状态,可对高低压开关进行遥控操作。当选择置位状态后,监控画面不再具有实时性,并且不可以对高低压开关进行遥控操作,但此时可以对所有开关进行手动置位操作,以描述现场的实际状态。

3.2.6　子站操作功能

子站操作功能菜单只有切换到三级图时才可以进行操作,如图 3-2-24所示。

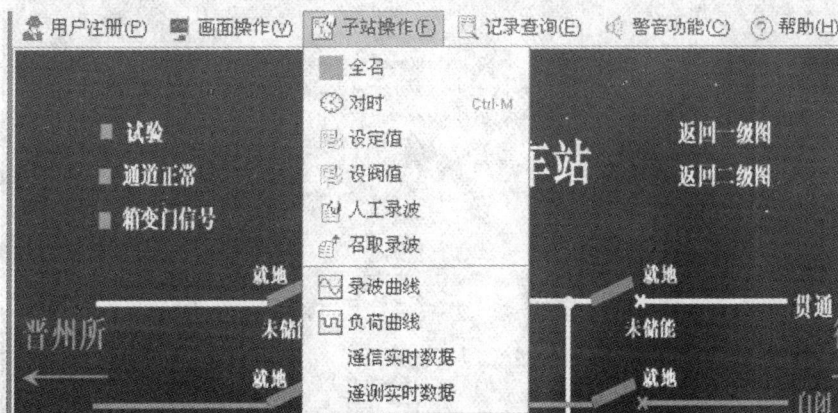

图 3-2-24　"子站操作"菜单

1.全召

单击"全召"菜单项,弹出如图 3-2-25 所示对话框,单击"是"按钮即可对当前站所执行全召命令。

2.对时

单击"对时"菜单项,弹出如图 3-2-26 所示对话框,单击"是"按钮即可对当前站所执行对时命令。

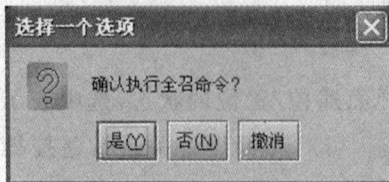

图 3-2-25　是否执行全召命令对话框　　图 3-2-26　是否执行对时命令对话框

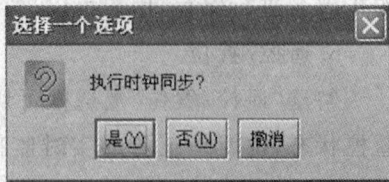

3.设定值

单击"设定值"菜单项,弹出设定值对话框,如图 3-2-27 所示。通过此对话框,可对各种定值信息进行设置,同时可以设置录波过流限值。

FTU车站车站设定值

定值名称	主站定值		现场定值		单位	定值名称	主站定值		现场定值		单位
自闭相电流上限启动值	60	设置	60.0	召取	A	贯通相电流上限启动值	60	设置	60.0	召取	A
自闭相电流上限延时值	0	设置	0	召取	ms	贯通相电流上限延时值	0	设置	0	召取	ms
自闭相电流上限启动值	60	设置	60.0	召取	A	贯通相电流上限启动值	60	设置	60.0	召取	A
自闭相电流上限延时值	2,000	设置	2000	召取	ms	贯通相电流上限延时值	2,000	设置	2000	召取	ms
自闭相电压上限启动值	245	设置	245.0	召取	V	贯通相电压上限启动值	245	设置	245.0	召取	V
自闭相电压上限延时值	500	设置	500	召取	ms	贯通相电压上限延时值	500	设置	500	召取	ms
自闭相电压上限启动值	231	设置	231.0	召取	V	贯通相电压上限启动值	231	设置	231.0	召取	V
自闭相电压上限延时值	2,000	设置	2000	召取	ms	贯通相电压上限延时值	2,000	设置	2000	召取	ms
自闭相电压下限启动值	180	设置	180.0	召取	V	贯通相电压下限启动值	180	设置	180.0	召取	V
自闭相电压下限延时值	500	设置	500	召取	ms	贯通相电压下限延时值	500	设置	500	召取	ms
自闭相电压下限启动值	209	设置	209.0	召取	V	贯通相电压下限启动值	209	设置	209.0	召取	V
自闭相电压下限延时值	2,000	设置	2000	召取	ms	贯通相电压下限延时值	2,000	设置	2000	召取	ms
过电流报警控制	允许	设置	允许	召取		过电流报警控制	允许	设置	允许	召取	
过电压报警控制	允许	设置	允许	召取		过电压报警控制	允许	设置	允许	召取	
欠电压报警控制	允许	设置	允许	召取		欠电压报警控制	允许	设置	允许	召取	
自闭一次CT原边	150	设置	150.0	召取	A	贯通一次CT原边	150	设置	150.0	召取	A
自闭一次CT副边	5	设置	5.0	召取	A	贯通一次CT副边	5	设置	5.0	召取	A
自闭二次CT原边	5	设置	5.0	召取	A	贯通二次CT原边	5	设置	5.0	召取	A
自闭二次CT副边	20	设置	20	召取	mA	贯通二次CT副边	20	设置	20	召取	mA
自闭相录波过流值	30	设置	30.0	召取	A	贯通相录波过流值	30	设置	30.0	召取	A

图 3-2-27　"设定值"对话框

4.设阀值

单击"设阀值"菜单项,弹出如图 3-2-28 所示的阀值设定界面。

图 3-2-28　阀值设定界面

5. 人工录波

单击"人工录波"菜单项,弹出如图 3-2-29 所示对话框,单击"是"按钮即可对当前站所执行人工录波命令。

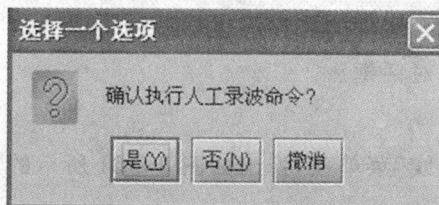

图 3-2-29　是否执行人工录波命令对话框

6. 召取录波

单击"召取录波"菜单项,即发送召取子站文件目录的命令,子站目录返回后,即弹出"录波文件召取对话框",如图 3-2-30 所示。此时选择相应文件可进行删除、锁定、解锁以及召取操作。

文件名含义:

除"H0"外的字母数字组合:现场故障录波文件;

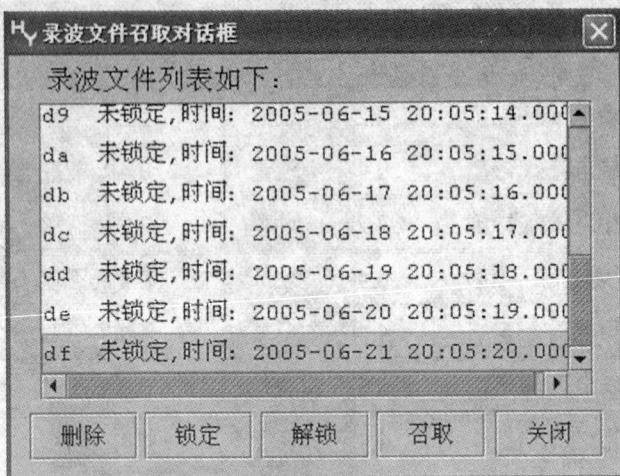

图 3-2-30 "录波文件召取"对话框

H0：人工录波文件。

按钮功能：

删除：删除选中的文件；

锁定：文件显示"已锁定"，不能进行删除；

解锁：将锁定文件解锁，文件显示"未锁定"；

召取：召取所选文件的波形；

关闭：关闭此对话框。

7. 录波曲线

单击"录波曲线"菜单项，弹出如图 3-2-31 所示的"故障录波曲线"界面。

8. 负荷曲线

单击"负荷曲线"菜单项，弹出如图 3-2-32 所示的"负荷曲线"界面。

通过此界面，用户可以选择站所和起止时间，查看站所负荷曲线。用户可以选择最小单元为分钟的任意时间段的曲线显示。

(1)时间轴取值

鼠标在面板上移动会有游标线跟踪显示，同时鼠标所在时刻的所

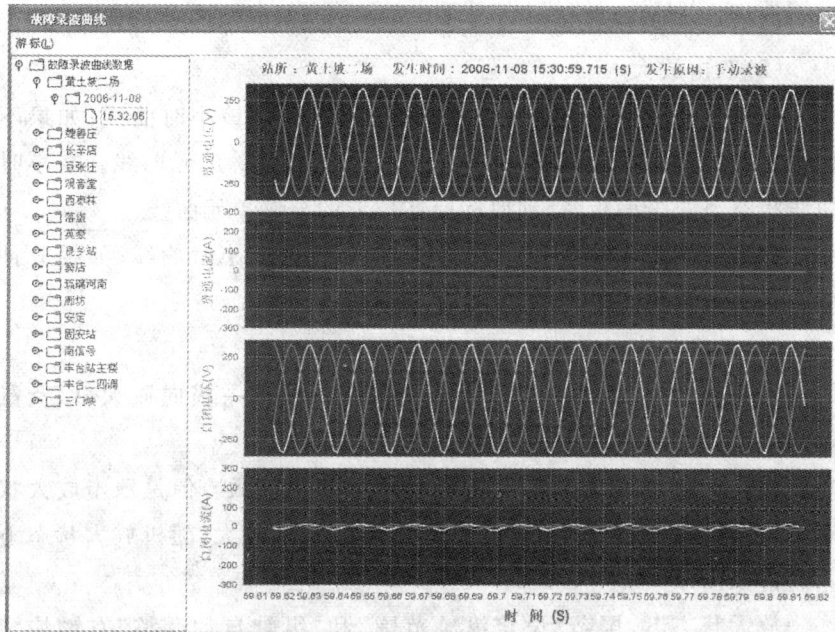

图 3-2-31 "故障录波曲线"界面

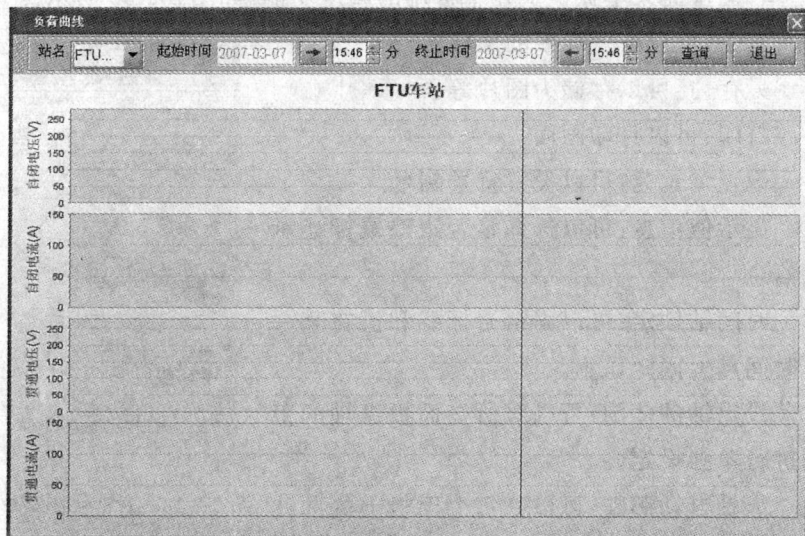

图 3-2-32 "负荷曲线"界面

有数值信息也会显示出来。

（2）双击放大

如果选择时间段包含完整小时单元，就得到该小时曲线；如果不包含完整的小时单元，就得到鼠标所在位置的分钟单元曲线。在小时曲线状态下双击面板，得到鼠标所在位置的分钟单元曲线；

如果分钟放大是由小时曲线得到的，就返回小时曲线；如果分钟放大是由查询状态得到的，就返回查询状态。

（3）随机放大

在面板上拖动鼠标，可以实现全部坐标的统一横向放大，以及鼠标拖动范围的纵向放大。

在查询状态下可以随机放大，也可以双击放大。但是双击放大状态下（小时曲线或分钟曲线状态下）不允许随机放大，随机放大状态下不允许双击放大。

放大状态下，屏蔽"设定纵轴范围"和"纵轴自动调整"右键快捷菜单。

右键快捷菜单提供了几个常用的设定功能，如图 3-2-33 所示。

属性：可以设置线条的属性。

另存为：可以存储为图片等。

打印：可以打印画面。

设置背景色：可以设置背景颜色。

显示值信息：可以选择是否跟踪鼠标显示值信息。

时间轴锁定：可以固定游标线和值在某一个时间点上固定显示。

设定轴的范围：可以对所在面板纵轴的范围进行单独设定。

纵轴自动调整：可以使每个面板上的曲线都完整最大化显示，充满整个面板。

图 3-2-33　右键快捷菜单

注：如果选择时间过长可能导致数据量过大，等待时间会较长。

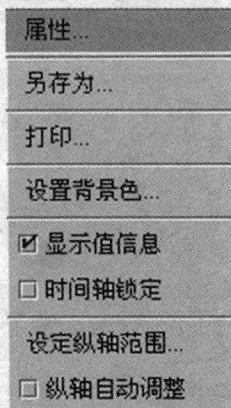

3.2.7 记录查询功能

"记录查询"功能菜单如图 3-2-34 所示。

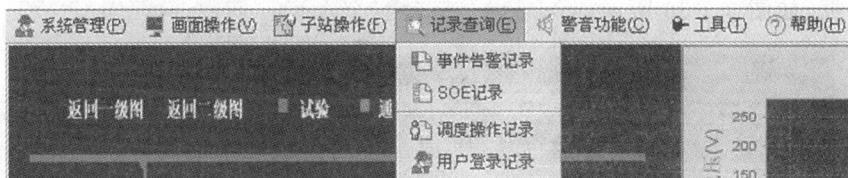

图 3-2-34 "记录查询"菜单

1.事件告警记录

单击"事件告警记录"菜单项,弹出"事件告警记录信息查询"对话框,如图 3-2-35 所示。

图 3-2-35 "事件告警记录信息查询"对话框

用户可将时间段、供电臂名称、站所名称以及事件类型作为查询条件来查找事件告警记录信息。

2. SOE 记录

单击"SOE 记录"菜单项,弹出"事件顺序记录(SOE)查询"对话框,如图 3-2-36 所示。

	发生时间	供电臂	站所名称	站所地址	设备名称	设备ID	事件类型	事件值
1	2007-02-27 11:08:00.005	供电臂	窦店	12	FTU直流电源投入	FTUZLTR	撤除	0
2	2007-02-27 11:15:57.973	供电臂	窦店	12	FTU直流电源投入	FTUZLTR	撤除	0
3	2007-02-27 11:22:29.687	供电臂	窦店	12	通道	COMM	故障	1
4	2007-02-27 11:25:50.828	供电臂	窦店	12	通道	COMM	正常	0
5	2007-02-27 11:27:22.281	供电臂	窦店	12	通道	COMM	故障	1
6	2007-02-27 11:46:10.671	供电臂	窦店	12	通道	COMM	故障	1
7	2007-02-27 12:07:56.421	供电臂	窦店	12	通道	COMM	正常	0
8	2007-02-27 15:12:02.303	供电臂	窦店	12	贯通低压测Va	VaGD	越下下限	0
9	2007-02-27 15:12:02.303	供电臂	窦店	12	贯通低压测Vb	VbGD	越下下限	0
10	2007-02-27 15:12:02.303	供电臂	窦店	12	贯通低压测Vc	VcGD	越下下限	0
11	2007-02-27 15:12:02.303	供电臂	窦店	12	自闭低压测Va	VaZD	越下下限	0
12	2007-02-27 15:12:02.303	供电臂	窦店	12	自闭低压测Vb	VbZD	越下下限	0
13	2007-02-27 15:12:02.303	供电臂	窦店	12	自闭低压测Vc	VcZD	越下下限	0
14	2007-02-27 18:02:11.640	供电臂	窦店	12	通道	COMM	正常	0
15	2007-02-27 16:04:51.921	供电臂	窦店	12	通道	COMM	正常	0
16	2007-02-27 16:08:52.786	供电臂	窦店	12	贯通低压测Va	VaGD	越下下限	0
17	2007-02-27 16:08:52.786	供电臂	窦店	12	贯通低压测Vb	VbGD	越下下限	0
18	2007-02-27 16:08:52.786	供电臂	窦店	12	贯通低压测Vc	VcGD	越下下限	0
19	2007-02-27 16:08:52.786	供电臂	窦店	12	自闭低压测Va	VaZD	越下下限	0
20	2007-02-27 16:08:52.786	供电臂	窦店	12	自闭低压测Vb	VbZD	越下下限	0
21	2007-02-27 16:08:52.786	供电臂	窦店	12	自闭低压测Vc	VcZD	越下下限	0
22	2007-02-27 17:57:18.546	供电臂	窦店	12	通道	COMM	故障	1
23	2007-02-27 19:11:31.875	供电臂	窦店	12	通道	COMM	故障	1
24	2007-02-27 20:25:45.046	供电臂	窦店	12	通道	COMM	故障	1
25	2007-02-27 21:39:58.343	供电臂	窦店	12	通道	COMM	故障	1

记录数目为: 103

图 3-2-36 "事件顺序记录(SOE)查询"对话框

用户可将时间段、供电臂名称、站所名称以及事件类型作为查询条件来查找 SOE 记录信息。

3. 调度操作记录

单击"调度操作记录"菜单项,弹出"操作记录查询"对话框,如图 3-2-37 所示。

用户可将时间段、供电臂名称、站所名称以及事件类型作为查询条件来查找调度操作记录信息。

4. 用户登录记录

单击"用户登录记录"菜单项,弹出"用户登录信息查询"对话框,如图 3-2-38 所示。

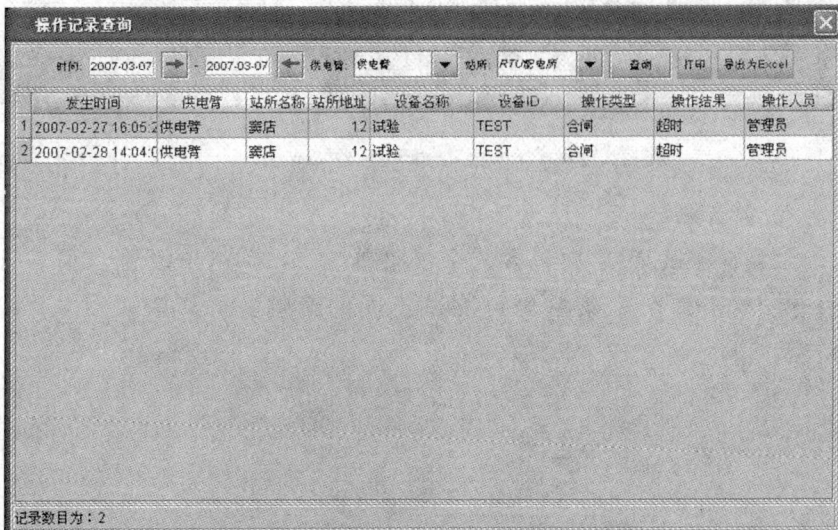

图 3-2-37　"操作记录查询"对话框

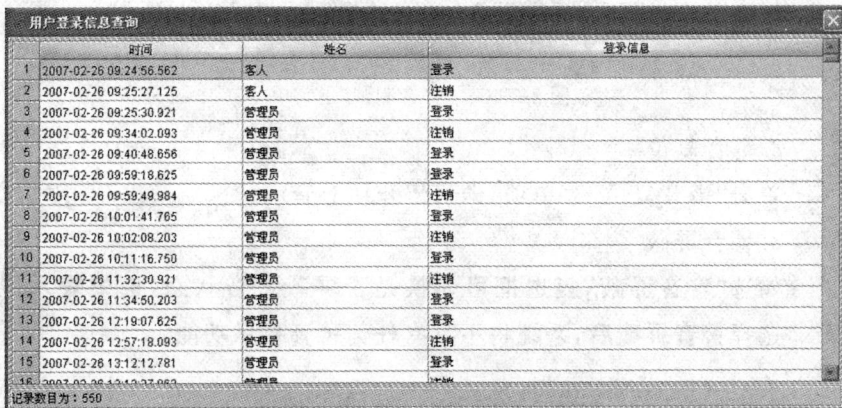

图 3-2-38　"用户登录信息查询"对话框

3.2.8　警音功能

警音功能菜单如图 3-2-39 所示。

图 3-2-39 "警音功能"菜单

1.警音测试

"警音测试"菜单项包含三个子菜单:一级警音、二级警音和三级警音。单击每个子菜单均可测试不同的音响。子菜单如图 3-2-40 所示。

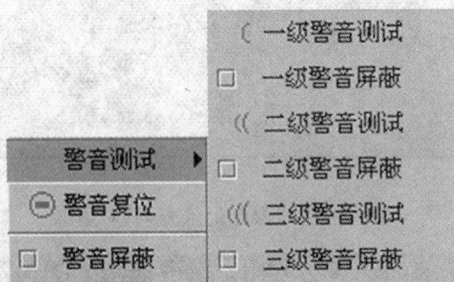

图 3-2-40 "警音测试"子菜单

2.警音复位

单击"警音复位"菜单项,即可停止所有音响。

3.警音屏蔽

勾选"警音屏蔽"复选框可切换是否屏蔽警音状态,选中表示屏蔽。选择警音屏蔽后,系统将不具有任何警音提示功能。

3.3 调度端设备维护

3.3.1 日常维护

远动设备属于精密电子设备,对运行使用环境条件要求比较高,需要很规范化的日常维护管理。设备维修也应遵循各用户手册规定的程序和方法。

1. 日常维护内容

① 做好调度所室内环境卫生及设备外表清洁,每天要对机器外表进行擦拭。

② 定期(一般 1 个季度)进行机内吸尘。

③ 随时检查通信设备是否完好,保证风道畅通。

④ 随时检查电源指示及各设备工作状态是否正常。

⑤ 经常检查设备间连线、电源线,保证没有脱落和虚接。

2. 日常维护注意事项

① 严禁带电插拔所有设备间的接口线,以免损坏接口电路元件。

② 严禁用手触摸印刷电路板上的芯片,以防静电感应引起芯片损坏。

③ 当检修某一设备时,应先记录下故障情况,再切换到备用设备,切断故障设备电源。如果故障原因不明或无太大恢复把握,不要轻易拆卸设备,应先咨询有关部门,以免扩大事故范围乃至损坏设备。

④ 不要随意搬动设备,防止震动和撞击。

⑤ 防水、防电,注意人身安全。

3.3.2　电源系统的维护

除一般日常维护和注意事项外,对 UPS 的维护作如下特别说明:

1. 安全注意事项

UPS 系统内有 800V 的直流高压,任何需要打开机柜防护面板的服务只能由厂家认可的人员进行。

2. 由用户进行的预防性维护

(1) 日常观察

① 检查安装和工作情况:

·　离墙壁的距离;

·　通风进出口的通畅;

·　工作温度,特别是电池的温度。

② 其他异常现象。

(2)利用手动旁路

如果 UPS 出现故障,在售后服务人员到来之前,利用手动旁路还能保证给负载供电。

转手动旁路的步骤:

① 停止或强迫停止逆变器;

② 断开输入电源开关;

③ 断开电池开关;

④ 检查一下所有的指示灯是否都灭了;

⑤ 将"手动旁路"开关从"NORMAL"位置转到"BY-PASS"位置。

注:TEST1 和 TEST2 位置是留给服务人员使用的,保持上述开关在"BY-PASS"的位置,等待售后服务人员到来。

将"手动旁路"开关转到 TEST1 和 TEST2 位置时,都有可能损坏 UPS。

(3)UPS 定期放电

为了延长电池的使用寿命,必须对 UPS 定期(一般为 3 个月)放电。放电方法是:将调度系统所有设备电源全部打开上电,全部负载都由 UPS 供电(总负载为 UPS 额定负载的 60%～70%较好)。在配电屏上关掉进线开关,断开外部电源,由 UPS 电池直接供电。当报警声急促响时,放电即将结束,这时速将配电屏进线开关投上,引入外部电源,UPS 进入"浮充"状态,即 UPS 一边向负载供电,一边给电池充电。

3.3.3　系统数据库维护

系统的报表记录储放在后台服务器数据库中,后台服务器数据库存储量过大,会影响前台报表的查询速度,严重时会使系统崩溃,所以,数据库需定时转存到维护工作站,并在一定时候刻录到可读写光盘上保存。一般 1 个月进行一次服务器到维护工作站的数据库转存。

第 4 章 远动智能监控装置的
运行与维护

我们前面学习了远动智能监控装置的结构与原理,对其分类、功能、组成结构及原理有了一定的了解。本章我们将介绍远动智能监控装置的运行与维护。

4.1 信号电源及高压开关智能监控装置

4.1.1 系统数据库维护

正常情况下,为了使调度主站实时掌握设备运行工况,信号电源及高压开关智能监控装置处于运行状态的同时,其所监控的高、低压远动开关控制方式应置远方位置,由调度主控站直接监视和控制。特殊情况下,由调度命令将高、低压远动开关控制方式置当地位置,实现当地控制,调度端监视。

当地/远方位置的含义及操作:所有可远程控制的高、低压开关都有当地和远方两种操作方式,其实现形式是转换开关或按钮或壳体上的盖子的打开和闭合。当置当地位时,开关只能在当地操作,进行当地分闸或合闸,调度端无法进行远动操作,只能监视;当置远方位时,开关只能在调度端操作,进行远动分闸或合闸,当地无法进行分闸或合闸操作。

4.1.2 定值的整定

对于信号电源及高压开关智能监控装置,其定值相对较少。一般需要设定越限报警定值、录波定值、通过故障电流报警定值、上传数据阀值等。

越限报警定值：对于电压量一般设置 4 个限值，即上限、上上限、下限、下下限；对于电流则只设 2 个限值，上限和上上限。

1. 电压越限整定

电压的越限值一般按用户允许电压范围来设定，铁道部令规定信号电源允许电压波动为额定值的±10%。因此运行中上限和下限按额定值的±5%来设定，上上限和下下限按额定值的±10%来设定，并配有一定的延时，如 220V 相电压的上限为 231V，延时 2s，下限为 209V，延时 2s，上上限为 242V，没有延时，下下限为 198V，没有延时。

2. 电流越限整定

电流越上限和上上限一般按回路开关额定电流的 1 倍和 1.2 倍来整定，越上限还配有 2s 的延时，这种方式是基于开关选择合理的前提，也可根据实际负荷情况进行灵活整定。

3. 录波整定

录波启动有接点启动和电流启动两种方式。接点启动方式只要将相应的 DI 与录波启动关联即可。电流启动则需要对电流的启动值进行设定，可根据现场需要进行灵活设定。

4. 通过故障电流报警定值整定

此项功能主要是针对 10kV 线路的整定，由于监控装置沿线路分段安装，当线路发生过流或速断故障时，配电所到故障点间的监控装置通过了故障电流，一定延时后配电所保护跳闸，可根据监控装置处是否通过了故障电流来判断故障区段，为了保证监控装置可靠发信，其整定值可按略低于配电所过流保护的定值进行整定。

5. 上传数据阀值整定

为了既满足数据的实时性，又保证传输通道不致拥堵，对模拟量上送按变化量超过阀值方式传送。阀值可根据通道情况、波动情况按运行经验设定。

4.1.3　日常巡视

1. 调度主站的遥巡

交接班时要完成以下遥巡：检查核对时钟；对每个被控站做试验遥控，检查通道情况；检查被监控回路电压、电流、相序、运行方式；检查所有高、低压远动开关位置状态、控制方式；查阅各被控站的负荷曲线；及时确认报警信息，并召取故障曲线、故障录波。

2. 高压远动柱上开关巡视

按巡视周期完成以下检查：检查高压柱上开关安装有无倾斜，是否牢固；核对高压柱上开关的状态；检查高压柱上开关的引入、引出接线端子有无接续不良烧损过热现象；检查高压柱上开关的绝缘套管有无裂缝爬弧、有无放电；检查高压电流互感器及其二次出线处有无裂缝爬弧、有无放电痕迹；检查开关的接地装置连接是否紧密，有无锈蚀。

3. 高压柱上开关控制箱巡视

按巡视周期完成以下检查：对控制箱箱体进行检查清扫；打开箱门，检查箱内有无异味，端子排是否松动、过热，电源及控制电缆有无损伤；检查控制箱开关状态指示灯是否与高压远动开关位置一致：合闸位置红灯亮，分闸位置绿灯亮；检查控制箱两路电源是否正常，正常时两路电源指示灯常亮；核对高压远动开关当地/远方开关位置是否正确；检查交流接触器工作是否正常，有无发热烧损，正常时自闭电源作为主电源。

4. 远动箱变设备巡视

按巡视周期完成以下检查：远动箱变外观、基础及箱变门巡视检查，检查箱变门行程开关是否良好；巡视所有高、低压远动开关状态：合闸位置红灯亮，分闸位置绿灯亮；检查高压远动开关的储能开关及指示：正常时储能开关置储能位，开关储能完好；检查共箱式气体柜压力是否正常；检查变压器运行情况；检查箱变监控及高压远动开关操作电源以及 UPS 工作是否正常；检查箱变温控、排风、除湿等辅助设备运行情况；检查远动接线端子排，有无松动、过热；检查控制电缆有无损伤。

5. 信号机械室电源开关箱巡视

按巡视周期完成以下检查：对两开关箱箱体进行检查清扫；检查进出线指示灯是否正常；打开箱门，检查箱内有无异味，端子排是否松动、过热，电源及控制电缆有无损伤；检查低压远动空气开关位置状态是否正常；检查低压远动空气开关当地/远动状态；检查低压电流互感器运行是否正常，接线是否牢固；测量出线端子排电压是否正常。

6. 智能监控装置巡视

按巡视周期完成以下检查：对监控装置箱体进行检查清扫；打开箱门，检查箱内有无异味，端子排是否松动、过热，电源及控制电缆有无损伤；检查两路交流电源及电池是否正常，检查交流接触器工作是否正常；检查充电回路是否正常；检查通信设备是否正常；检查开关电源或电源板、主控板、遥信板、遥测板、遥控板工作是否正常，有无接线松动、发热、变色等现象；检查各出口继电器是否正常，连接是否紧密，有无松动；检查装置电源保险及各采样保险是否正常，有无熔断，连接是否紧密。

正常运行状态：

(1)SPM60 型智能监控装置(应用于石家庄供电段管内京广线和京九线)

两路交流电源正常时为交流 220V；

电池直流 12V；

充电板指示灯正常时红、绿两个灯都应该常亮；

主板上串口旁边的两个指示灯为数据收发灯，正常时两灯交替闪烁，主板下面的电源指示灯应常亮；

交流接触器正常时使用自闭电源，处于吸合位；

串口服务器(串口转网口)正常时 POWER 灯常亮，ACT 灯闪烁，LINK 灯常亮；

交流调制解调器：POWER 电源灯常亮，ADSL LINK 绿灯常亮，

ADSL ACT 黄灯闪亮，LAN LINK 橙灯常亮，LAN ACT 黄灯闪亮；

直流调制解调器：POWER 电源灯常亮，DSL 灯常亮，DATA 灯闪亮。

（2）TG04F 智能监控装置（应用于石家庄供电段管内石德线）

两路交流电源正常时为交流 220V；

电池直流 48V；

电源板正常时＋5V/－12V/＋12V/input 4 个指示灯亮；

主控板上 PWR 为电源指示灯，正常运行时该灯常亮，ERR 为主板状态指示灯，正常运行时该灯灭，P1 为主板状态指示灯，正常运行时该灯常亮，网口上端红灯为网口状态，通道正常时该灯常亮；

遥信板 X1～X15 根据实际情况当该路有数据时闪亮，Xcom 灯常灭；

遥控板各指示灯没有遥控时为灭，遥控操作时相应指示灯闪烁；

遥测板电源指示灯常亮，数据收发时对应 CAN 灯闪烁；

逆变器正常时绿灯常亮，故障时红灯亮；

2 个协议转换器正常时 POWER 灯绿色常亮，WORK 灯黄色常亮，RUN 灯绿色闪亮，AIS、STA 灯正常时不亮；

交换机正常时 POWER 灯红色常亮，1、2、3、4、5 其中有接入线的灯绿色闪烁。

4.1.4　保养及维护

为了保证信号电源及高压开关智能监控装置的正常运行，应按周期对设备进行维护和保养。

4.1.4.1　高压远动柱上开关

1. 真空开关本体检修

用软布擦洗绝缘体、金属部件，检查绝缘体的表面有无裂纹、损伤，有裂纹、损伤者应撤下进行维修；开关本体上的螺栓应涂抹黄油，防止锈蚀；检查开关引线座有无氧化现象，如有，则拆开接线，用砂纸打磨干净并涂抹导电膏；检查箱体外观有无锈蚀，锈蚀处应用砂纸打磨干净后涂防锈漆;用 2 500V 摇表测试开关对地和断口间绝缘强度,绝缘电阻应大于 300MΩ;开关维修后应进行交流耐压试验(开关主回路对地、相间及断口),试验电压值为 25kV,时间为 1min。

2. 箱体内部部件检修

传动轴杆的检修:手动进行分合闸试验,检查各传动部件有无卡涩,并对各转动部位涂抹黄油或加注机油;检查各部轴销有无变形、磨卡、松动现象;检查轴销的开口销是否完整并开口,开口销前是否有垫片;检查分合闸限位板是否有变形或裂纹,如果变形应进行调整,如果有裂纹应撤下后进行维修;检查传动杆各连板焊接部位有无开焊或变形,如果有则撤下进行维修。

分合闸机构部分检修:分合闸机构转动部位和分合闸线圈顶杆处应加注机油,并用手向上拉动顶杆,顶杆应活动灵活,无卡涩;检查分合闸拐臂上的销钉是否完整,有无松动;分合闸拐臂上分合标志是否清晰,合闸位为红色,分闸位为绿色;检查分合闸线圈引线螺丝是否牢固,接头有无氧化现象;用万用表测量分合闸线圈电阻,电阻范围在 5~7Ω 之间为正常。

接线端子部分检修:检查接线有无氧化现象,如有应打磨干净;接线端子上的螺丝是否紧固。注意拆开端子时,应做好标记,防止恢复时接错线。

辅助开关检修:紧固辅助开关的接线螺丝,所有连杆及活动部位在清洗干净后涂润滑油;各连杆及销钉应完整,无裂纹、变形和弯曲,开口销及垫片完整并开口,用手上下拉动连杆,应无明显的活动余量;手动分合闸,用万用表测量辅助开关的常开、常闭触头是否连接良好(注:辅助开关的内侧上排与外侧上排对应各端子为常开触头,内侧下排与外侧下排对应各端子为常闭触头。);辅助开关连杆一般不宜调整,当触头连接不良时,可以调整连杆,先松开锁紧螺母,再调整连杆,调整时应以一扣为限逐渐进行,不宜多扣调整,每调整一次应用万用表测量通断情况,直至良好,最后拧紧锁紧螺母。

3. 检查航空插头是否有松动;开关接地线应接触良好。

4.1.4.2　高压柱上开关控制箱

对开关控制箱内进行清扫;对所有接线端子进行坚固;对接触器、继电器卡壳、触点氧化进行处理;检查组合控制器及分、合闸电容运行情况;更换不良元器件;对控制箱做功能试验。

维修程序和做法:

① 先断开供给控制箱的两路电源,并按下放电按钮保持 5min 以上,并将组合控制器拆下,充分放电。

② 用软布擦洗箱体,检查控制箱门锁是否开启灵活,有无锈蚀。开启不灵活及有锈蚀的,应进行注油或除锈处理。

③ 检查控制箱箱体外观有无锈蚀,如有,进行处理并涂漆防锈。

④ 检查控制箱固定是否牢固,如有松动,对紧固螺丝进行紧固。

⑤ 检查箱内有无异味,并观察各元件是否损坏,如有,进行更换。

⑥ 检查各端子排接线是否有松动,应进行紧固。注意拆开端子时,应做好标记,防止恢复时接错线。

⑦ 检查各继电器、接触器是否有卡壳现象。如有,进行处理。

⑧ 检查接线及接点有无氧化现象,如有应打磨干净。

⑨ 检查箱内是否有异物,如有,进行清扫。

⑩ 检修完毕,装好组合控制器,并将两路电源恢复。

⑪ 检查主、备电源及切换以及分、合闸指示灯显示是否正确。

⑫ 进行当地/远动转换试验,并与调度核对是否正确。如不正确,应用万用表测量转换开关各接点接触是否良好。

⑬ 手动进行分、合闸试验,检查开关动作指示灯显示是否正确并与调度核对开关位置是否正确。

⑭ 远动进行分、合闸试验,检查开关动作指示灯显示是否正确,并与调度核对开关位置是否正确。进行试验时应注意:不能长时间连续操作,以免烧坏线圈。在分、合几次后要有一定的时间间隔才能操作。

4.1.4.3 远动箱变设备

1. 箱变箱体及构件

箱内地面清洁,箱顶无渗漏水现象;箱内照明正常,维护通道保持畅通,各种照明、防火设施良好,安全设施及标志齐全;室内通风和环境温度、湿度符合电气设备特性的要求,夏季配电装置室室内温度不应大于 40℃,油浸变压器室室内温度不宜超过 45℃,降温装置运行正常;室内电缆(配电柜)沟槽清洁,阻燃及分离措施完善;箱变混凝土基础完好,外观平整光洁,箱体无严重锈蚀;构架、横梁及设备托架安装牢固,紧固件齐全,防腐层完好;横梁及设备托架的接地应可靠。

2. 电力变压器

清扫和检查本体及所有附件,应无缺陷,且不渗油;放出油枕内的污物和水,必要时按规定补充绝缘油;检查油位指示器、放油阀、注油阀,更换不良的温度表;检查并紧固接地螺栓;测量线圈的绝缘电阻,变压器的接地电阻;抽取油样,按试验标准进行各项试验。

3. 互感器

外观完整,瓷套无破损;油浸式互感器应无渗漏,油位油色正常;测量绝缘电阻,作耐压试验;各部位接地良好。

4. 高压断路器

断路器及其操动机构外表清洁,固定牢靠,绝缘部件、瓷件完整无损;电气连接可靠,接触良好;充油或充气的断路器无渗漏,油位、气体压力或真空度应符合产品的技术规定;手车操动灵活、轻巧,隔离触头接触良好;断路器及其操动机构的联动正常,无卡阻,分合闸指示正确;油漆完好,相色标志正确,接地良好;按试验标准进行各项试验。

5. 隔离开关、负荷开关及高压熔断器

设备完整,安装牢固,操动灵活可靠,熔断器熔体的额定电流符合规定;触头接触紧密,合闸时三相不同期值应符合产品的技术规定;相间距离及分闸时触头打开角度和距离应符合产品的技术规定;油漆完好,相色标志正确,接地良好;按试验标准进行各项试验。

6. 避雷器

外部完整无缺损,封口处密封良好;安装牢固,垂直度符合要求;放电计数器密封良好,绝缘良好,接地牢靠;按试验标准进行各项试验。

7. 电容器及无功补偿装置

容器外壳无裂纹、渗油和膨胀,内部无异常声响,引线连接牢固;三相电容量的偏差符合规定;放电回路、保护回路正常,熔断器熔体的额定电流符合规定;电容器外壳及构架的接地牢固可靠;控制器状态正常,各种灯光、音响信号显示正确;各种开关、接触器接触性能良好;按试验标准进行各项试验。

8. 配电柜及二次回路接线

配电柜固定牢固、接地可靠,表面漆层完好、清洁;柜内电器元件齐全完好,固定牢固;二次接线连接可靠,标志齐全清晰,绝缘符合要求;手车或抽屉式开关柜的推拉灵活,触头接触良好,机械闭锁可靠;操作及联动试验正确,计量仪表显示无误,二次回路及继电保护试验合格;检查电路中各部连接点有无过热现象;各配电装置和电器内部有无异声、异味;检查柜内空气开关、磁力起动器和接触器的电磁铁芯吸合是否正常,有无线圈过热或噪声过大;带灭弧罩的低压电器,三相灭弧罩是否完整无损;低压空气断路器故障跳闸后,应按生产厂家说明书的要求检修触头及灭弧栅,清除内部灰尘和金属细末及碳质;频繁操作的交流接触器每三个月至少检查一次触头和清扫灭弧栅,测量吸合线圈的电阻是否符合规定值;空气断路器及交流接触器的主触头压力弹簧是否过热失效,如是应更换备件;检查空气断路器及交流接触器的动、静触头是否对准,三相是否同时闭合,并调整触头弹簧使三相一致;检查空气断路器及交流接触器的触头,如磨损厚度超过 1mm 时,应更换备件,被电弧烧伤严重者,应予磨平打光;检查空气断路器的电磁铁及交流接触器的电磁铁吸合是否良好,有无错位现象,吸合线圈的绝缘和接头有无损伤或不牢固现象;带负荷切合的低压刀闸,每半年应检查一次触头,并在刀闸口涂以导电膏;检查空气断路器和磁力起动器在热元件的连接点处有无过热现象;对无填料式的熔断器,每半年应做一次紧固接触点的检查,插座刀口应涂导电膏,熔断器事故动作后,应检查熔管内部烧损情况,清除积碳,必要时更换备件;对有电源联锁的低压电器,应做传动试验。

9. 母线装置

母线应无损伤,接触可靠,油漆完好,相色正确;绝缘瓷件完整、清洁,瓷、铁间粘合牢固;所有金具、紧固件配套齐全,连接可靠;母线相间及对地的安全净距符合要求,绝缘子底座接地良好;按标准进行绝缘电阻和交流耐压试验。

10. 电缆线路

电缆排列整齐,无机械损伤;标志牌装设齐全、正确、清晰;电缆的固定、弯曲半径、有关距离符合要求;电缆终端、电缆接头制作工艺符合要求,安装牢固;电缆沟内无杂物,电缆在支架上排列整齐,盖板齐全;电缆托架等金属部件防腐层完好;电缆的接地良好,电缆终端的相色清晰正确;按标准进行绝缘电阻和交流耐压试验。

11. 接地装置

整个接地网外露部分的连接应可靠,接地线规格正确,防腐层完好,标志齐全明显;按标准测量各电气设备接地装置的接地电阻。

4.1.4.4 开关箱

对开关箱进行清扫;对开关箱内各接线端子进行紧固;检查低压远动空气开关操作机构是否灵活,由调度远动分合低压远动空气开关各一次;测量电压及电流并与调度端进行核对无误。

4.1.4.5 智能监控装置

原则上执行寿命管理,当智能监控装置发生故障时应及时维修。平时要按周期进行保养。

在保养和维修之前,应先将装置控制的高、低压开关的当地/远动开关置于当地位,以防引起开关的误动作;对箱体及箱内各元器件进行清扫;对箱内端子排、通信线连接部位进行紧固;将装置的自闭侧电源停掉,试验贯通电源是否能自动投入,将装置的自闭和贯通电源依次停掉,试验蓄电池能否投入使用;用万用表、卡流表测量两路信号供电的电压、电流,并与主控站核对,用相序表测量两路信号供电的采样相序并与主控站核对;对装置电源电缆及各控制电缆进行绝缘遥测;当通信失败时,应对 FTU 进行重启动。

根据需要对 FTU 软硬件设备进行升级;根据需要更换不良部件及易损配件。

对 FTU 箱进行功能试验:测量电压及电流、相序并与调度端进行核对无误;做两路电源逐相欠压试验,调度报警及故障曲线应正确无误;做相序异常试验,调度报警应正确无误;由调度员进行远动高压负荷开关远动试验、低压空气开关远动试验,运行中的开关不做远动分、合闸试验,正常后方可撤离。

为了能对智能监控装置的维护和设置,每一个厂家的设备一般都配有专用的单机版测试程序。维护人员在监控装置现场,可使用安装有测试程序的便携式笔记本电脑,通过测试维护口对装置进行维护,对装置程序进行升级,对参数进行修改,读取和修改各种定值,读取事件顺序记录、故障曲线和故障录波。测试口通信一般使用默认的通信速率和通信地址,具有通用性。由于智能监控装置一般都有蓄电池提供后备电源,在交流掉电后的数小时内,装置可正常工作,存储的故障信息和曲线可通过通道传送给调度主控站,当通道中断时,也可现场提取数据,以利于故障的原因分析和查找。

4.1.5　故障处理

在远动设备出现故障时,在得到调度人员许可后可将高、低压远动开关控制方式改为当地,进行当地操作。故障恢复后,与调度联系恢复正常远动操作状态。

在低压空气开关速断或过流跳闸后,调度主控站应根据开关类型(有些开关无需复位即可合闸),采用复位操作再合闸试送电,如主站不能远动复位开关时,可根据调度命令由现场人员当地复位开关并合闸。复位合闸操作如下:

　　当两路电源开关箱内的低压断路器发生速断过流跳闸时,如调度人员要求进行当地合闸操作时,必须先进行当地复位操作。复位操作的步骤:对于默勒 NZM7 低压开关,可打开低压断路器的透明塑料盖,使开关置于当地操作位,然后将黑色手柄用力向下压到底后即完成了当地复位操作;对于 ABB 低压开关可直接将操作把手旋至分位即复位。低压断路器复位后,可按调度人员指挥进行合闸操作。如合上再次跳闸,说明负荷侧有短路现象,与电务部门联系断开其引入开关,再次合闸,以区分故障范围。故障处理完后,与调度联系恢复正常远动操作状态。

　　当远动智能监控装置与调度主控站通信失败时,在调度允许的情况下,音频通信模式的可对通道做环路试验,以区分 FTU 故障与通道故障。网络数据平台业务的可通过调度主控站 Ping 网关和 IP 地址来初判故障范围。当判断可能为通道问题时,通知铁通检查通道。

　　当智能监控装置需要复位时,可当地对其复位。分别将交流电源各直流电源停掉,使装置彻底断电,几分钟后再依次反方向恢复送电,复位完后与调度联系,查看通信状况。

4.2　变配电所智能监控装置

4.2.1　运行方式

　　正常情况下,为了使调度主控站实时掌握设备运行工况,智能监控装置应处于运行状态。有人值班的变配电所监控开关的控制方式位置会因各单位的设备运行要求而有所不同,有的要求正常在远方位,有的要求正常在当地位。

　　无人值班变配电所,无论是电磁保护还是综合自动化系统,都要将开关的控制方式置远方位,并保证智能监控装置及所有保护模块运行正常,以保证调度主控站的远程操作和实时监视。

4.2.2 定值的整定

变配电所智能监控装置除越限报警定值、录波定值、上传数据阀值外,主要是保护定值的整定。

电磁保护变配电所保护功能是由二次回路的电压、电流、中间、时间等继电器通过逻辑组合实现的,对保护定值的整定是对电压、电流、时间继电器的启动元件进行整定,并经试验校准。一般不能进行远程整定。

综合自动化系统的变配电所保护功能的实现由微机保护模块完成,所有的电压、电流、时间定值存储于保护模块内,需要通过装置的人机界面,在一定的权限要求下,进行输入和修改,并经试验校准。

4.2.3 日常巡视

在交接班时和要求的巡视时间间隔对变配电所智能监控装置进行巡视。主要有以下内容:对智能监控装置进行外观巡视,检查各接线端子接续是否良好,有无发热、有无异味;检查二次回路元件及电压、电流互感器运行是否正常;检查监控设备的状态及电压、电流等显示是否正常;检查智能监装置各模块运行指示灯是否正常;检查监控装置各模块与主控模块的通信是否正常;检查通信管理机、调制解调器等通信设备的运行情况,随时监视变配电所智能监控装置与后台主机、远动主控站的通信是否正常;检查 GPS 运行是否正常,与系统通信是否正常;及时查看并确认各种报警信息、事件记录,分析产生原因并及时处理。

4.2.4 保养及维护

变配电所智能监控装置一般均属免维护产品。保养时只需清扫、紧固端子操作。当装置发生故障须更换时,应关闭电源,用专用工具操作。更换端子板时,应注意:交流采样输入端子板上电流不能开路,电压不能短路;机箱内的各个印制板上多是静电敏感器件,打开机箱时必须佩戴接地良好的防静电手环。

定期对保护模块的功能和定值的准确性进行检验,一般一年一次。

4.2.5 故障处理

对于 RTU 的故障处理原则和方法与上述 FTU 大致相同,这里主要介绍综合型变配电所智能监控装置,也就是综合自动化系统。根据铁路供电系统运行的特殊要求,一旦自动化系统发生故障,必须及时迅速排除,使之尽快恢复正常运行。为此,要求维护检修人员应掌握一些基本的故障分析及检查的方法。故障处理的一般原则如下:

① 因变配电所智能监控装置程序出错、死机及其他异常情况产生的软故障的一般处理方法是"重新启动"。若监控装置的单一应用功能出现软故障,可重新启动该应用程序;若某台计算机完全死机(操作系统软件故障等情况),必须重新启动该台计算机并重新执行监控应用程序;若监控网络在传输数据时由于数据阻塞造成通信死机,必须重新启动传输数据的集线器或交换机;任何情况下发现监控应用程序异常,都可在满足必需的监视、控制能力的前提下,重新启动异常计算机。

② 两台监控后台正常运行时以主/备机方式互为热备用,当发生两台主机同时抢主机而无法运行时,应人为将备用机器退出运行,待主用机启动并运行为主机正常后,再启动备用机器。

③ 某测控单元通信网络发生故障时,监控后台不能对其进行操作,此时如有调度的操作命令,值班人员应到保护小间进行当地手动操作,同时立即汇报调度通知专业人员进行检查处理。

④ 微机监控系统中发生设备故障不能恢复时应将该设备从监控网络中退出,并汇报调度部门。

⑤ 当通信中断时,应判断通信中断是由保护装置异常引起的,还是由站内计算机网络异常引起的,若装置通信中断是由计算机网络异常引起的时,处理时不得对该保护装置进行断电复位。

第5章 远动系统的抗干扰措施及常见故障分析与处理

随着铁路供电远动系统越来越广泛的应用和技术的发展,设备越来越复杂,特别是远动系统内部各个子系统都为低电平的弱电系统,但它们的工作环境是电磁干扰极其严重的强电场所,模拟电路和数字电路混合的情况越来越多,因此对远动系统的可靠性要求更高。如果不充分考虑可靠性问题,在强电场干扰下,很容易出现差错,使整个远动系统无法正常运行或出错误(误跳闸事故等),甚至损坏元器件,无法向站场和区间供电,影响铁路行车安全。因此必须采取必要的抗干扰措施,保证系统正常工作。本章主要介绍了远动系统的干扰源和抗干扰措施,以及在运行中的常见故障的处理方法。

5.1 远动系统的可靠性及抗干扰措施

远动系统的可靠性是指远动系统内部各单元的部件、元器件在规定的条件下、规定的时间内,完成规定功能的能力。通常以平均无故障间隔时间 MTBF 来表示。

电磁干扰的三要素是干扰源、传播途径和电磁敏感设备。针对电磁干扰的三要素,提出三种解决电磁干扰问题的方法是:a. 抑制干扰源产生的电磁干扰(滤波、屏蔽和接地);b. 切断干扰的传播途径;c. 提高敏感设备抗电磁干扰的能力(降低对干扰的敏感度)。

5.1.1 电磁干扰产生的原因及特点

仔细分析电磁干扰产生的原因是采取正确的抗干扰措施的先决条件。根据干扰的三要素,干扰形成的途径为干扰源—耦合通道—电磁敏感设备。

5.1.1.1　电磁干扰源分析

目前与铁路供电系统有关的电磁干扰源有外部干扰和内部干扰两方面。

1. 外部干扰

外部干扰源指的是与远动系统的结构无关,而是由使用条件和外部环境因素决定的干扰源。对远动系统来说,外部干扰源主要有交、直流回路开关操作、扰动性负荷(非线性负荷、波动性负荷)短路故障、大气过电压(雷电)、静电、无线电干扰和核电磁脉冲等。概括为如下三类:a. 交、直流电源受低频扰动现象;b. 传导瞬变和高频干扰;c. 场的干扰。

交、直流电源受低频扰动现象包括:

① 电压波动。由大负荷变化引起的周期性或非周期的电压波动,幅值一般不超过额定电压时±10%。

② 电压突降和中断。电压突降指电压突然降低,并低于额定值的 90%;电压中断指电压消失,主要由大负荷突变、短路、故障切除及重合闸等引起。

③ 谐波污染。由电气设备的非线性电压、电流特性所产生,如大功率整流器、换流器、感应炉、电弧炉或某些家用电器等。

④ 非工频频率整数倍的间谐波。主要来源是电焊机、电弧炉、静态变频器、换流器等。

⑤ 电力线附加信号扰动。电力部门利用供电网络,在工频电压上叠加信号电压以传送某种信号时(如负荷控制、远方读表、分时计费、电力线载波、通信等)信号电压对交流电源产生干扰。

这些低频扰动对远动系统都会产生干扰。

传导瞬变和高频干扰是指通过传导进入远动系统设备的各种浪涌和高频瞬变电压或电流。其特征为:

① 1.2/50μs(电压)和 8/20μs(电流)单向浪涌。产生这类单向浪涌的原因有雷击、操作和短路故障等。除变配电所遭受雷击外,还可

能有沿送电线路进入的雷电浪涌。如果接收设备阻抗很高,则浪涌对设备形成电压脉冲;如果设备阻抗低,则形成电流脉冲。

② 10/700μs 浪涌。这是雷击通信线路的典型瞬变过电压波形,这类浪涌有较长的持续时间和较大的能量。

③ 100/1 300μs 浪涌。当大容量熔断器断开低压馈电线路时,由于电路内蓄存能量的释放,可能引起这类瞬变过电压,其特点是持续时间长、脉冲上升时间慢、能量大,但幅度低。

④ 快速瞬变干扰。快速瞬变干扰多产生于断开小电感负载时,如断开电磁式继电器、接触器等。它的特点是电压上升时间快、持续时间短、重复率高,相当于一连串脉冲群,脉冲电压幅值一般为 2~7kV,频率可达数兆赫兹,脉冲群的持续时间为数十毫秒。

⑤ 阻尼振荡波。在高、中压变电所,断路器和隔离开关操作或短路故障时会产生阻尼振荡波。特别是投切高压母线时,这种干扰最显著,这是由于断路器断口的电弧重燃所引起的。干扰波的特性是一连串断续出现的阻尼振荡波,上升时间快、重复率高、持续时间长,振荡频率从 100kHz 至数兆赫兹。

⑥ 衰减振荡波。这是由于雷电、操作等波前陡峭的浪涌在低压网络内传播时,因电路中阻抗不匹配而引起反射现象形成的振荡波。典型特性是上升时间为 0.5μs、频率为 100kHz 的衰减振荡波,常出现于低压供电网及控制信号回路中。

场的干扰现象有如下几种:

① 工频磁场。可分为正常运行情况下的稳态磁场和短路事故时的暂态磁场两种。前者数值较小,后者数值较大,但持续时间短。工频磁场的产生是导体中电流或带电设备的漏磁引起的。当外界工频磁场强度超过 3.2~7.2A/m 时,对 CRT 显示器的工作情况有影响,可能使画面变形扭曲、抖动和变颜色。

② 脉冲磁场。脉冲磁场由雷击、短路事故和断路器操作产生,磁场强度为数百安/米至千安/米。磁场脉冲波的典型特征是,上升时间为 6.4μs±30%,持续时间为 16μs±30%。

③ 阻尼振荡磁场。在高、中压变电所中,操作隔离开关时,将产生阻尼振荡瞬变过程,也将产生相应的磁场,磁场强度为 $10\sim100A/m$,振荡频率从 100kHz 到数兆赫兹。

④ 辐射电磁场。电磁辐射源有多种,如无线电台、电视台、移动式无线电发信机及各种工业电磁辐射源。

2. 内部干扰

内部干扰是由远动系统结构、元件布置和生产工艺等决定,主要有杂散电感、电容引起的不同信号感应;交流声、多点接地造成的电位差干扰;长线传输造成的波的反射;寄生振荡和尖峰信号引起的干扰等。

从物理分析来看,外部干扰和内部干扰具有同一物理性质,因而消除和抑制的方法没有质的区别。

按干扰对电路的作用,干扰分为差模干扰和共模干扰。

① 差模干扰是串联于信号源回路中的干扰,主要由长线路传输的互感耦合所致,见图 5-1-1(a)。

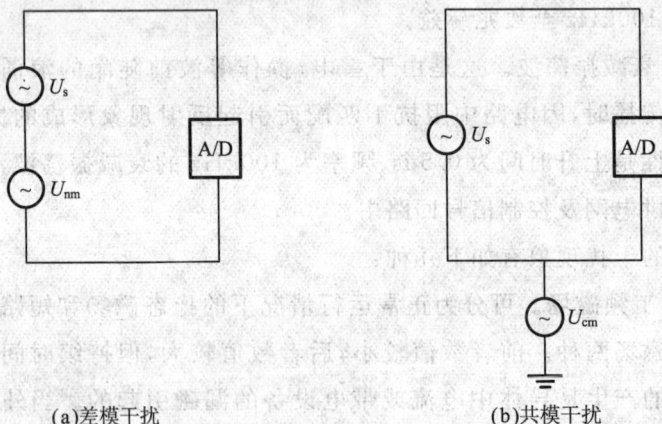

(a)差模干扰   (b)共模干扰

图 5-1-1 差模共模干扰示意图

② 共模干扰是由网络对地电位变化所引起的干扰,即对地干扰,见图 5-1-1(b)。共模干扰信号可为直流,也可为交流,是造成自动化装置不正常工作的主要原因。图 5-1-1 中,U_s 为信号,U_{nm} 和 U_{cm} 为干

扰信号。

5.1.1.2　电磁干扰的耦合途径

电磁干扰侵入电子设备的途径可分为辐射和传导两大类:第一类为辐射干扰,干扰信号通过电磁波辐射传播;第二类为传导干扰,干扰信号通过干扰源与被干扰设备之间的阻抗进行传播。

两者会相互转换,辐射干扰经过导线可转换成传导干扰;传导干扰又可通过导线形成辐射干扰。

电磁干扰耦合的途径可归纳如下几种:

① 电容性耦合。又称静电耦合或电场耦合,它是由于两个电路之间存在分布电容,使一个电路的电荷影响另一个电路。

② 电感性耦合。又称电磁耦合或磁场耦合,它是由于两个电路之间存在电感,使一个电路的电流变化,通过磁交链影响到另一电路。

③ 共阻抗耦合。当干扰源和感受器共用一个主回路或共用一根接地电流返回路径时,由于干扰源和感受器的电流流经共同的路径则产生共阻抗耦合,这种路径可能是电阻、电容或电感组成,故称共阻抗。

④ 辐射耦合。当高频电流流过导体时会发射电磁波,此空间电磁波作用于其他导体,感应出电动势,形成电磁耦合干扰。变配电所综合自动化系统的输入信号线、外部电源线、机壳都相当于接受电磁波的天线。

5.1.1.3　电磁干扰对远动系统的影响

电磁干扰的共同特点是频率高、幅度大、前沿陡,可以顺利通过各种分布电容或分布电感耦合到变配电所综合自动化系统中,一旦干扰侵入远动系统内,便将对系统的正常工作造成影响,其干扰的后果各式各样,归纳起来有以下几类。

1. 电源回路干扰的后果

远动系统计算机的电源不论采用交流电源供电还是直流电源供电,电源与干扰源之间的直接耦合通道都相对较多,而且电源线直接连至各部分,包括最要害的 CPU 部分。

如果计算机电源受干扰,往往造成计算机工作不稳定,甚至死机。

2. 模拟量输入通道干扰的后果

电磁干扰的可能后果是从 TA 或 TV 的二次引线引入浪涌电压，造成采样数据错误，轻则影响采样精度和计量的准确性，重则可能引起微机保护误动，甚至还可能损坏元器件。

3. 开关量输入、输出通道干扰的后果

变配电所的现场断路器、隔离开关的辅助触点处于恶劣的强电磁干扰环境中，这些辅助触点通过长线引至开关量输入回路，必然带来干扰信息，干扰结果常见的有断路器或隔离开关的辅助触点抖动甚至造成分、合位置判断错误。开关量的输出通道由计算机的输出至断路器的跳、合闸出口回路组成，除了易受外界引入的浪涌电压干扰外，自动装置内部、微计算机上电过程也容易有干扰信号，导致误动。

4. CPU 和数字电路受干扰的后果

电磁干扰侵入远动系统中的数字电路后，影响 CPU 正常的工作，其干扰的后果有多种表现形式。首先，当 CPU 正通过地址线送出一个地址信号时，若地址线受干扰，使传送的地址出错，导致取错指令、操作码或取错数据，结果有可能误判断或误发命令，也可能取到一个 CPU 不认识的指令操作码而停止工作或进入死循环；如果 CPU 在传送数据过程中，数据线受干扰，则造成数据错误，逻辑紊乱，也可能引起装置误动或拒动，或引起死机。计算机的随机存储器 RAM 是存放中间计算结果、输入输出数据和重要标志的地方，在强电磁干扰下，可能引起 RAM 中部分区域的数据或标志出错。所引起的后果如数据线受干扰一样，也是严重的。大部分自控装置的程序和各种定值存放在 EPROM 或电子盘中，如果 EPROM 受干扰而程序或定值遭破坏，将导致相应的自动装置无法工作。

5.1.2　抗干扰的措施

消除或抑制干扰应针对电磁干扰的三要素进行，即消除或抑制干扰源；切断电磁耦合途径；降低装置本身对电磁干扰的敏感度。

5.1.2.1　抑制干扰源的影响

外部干扰源是远动系统外部产生的，无法消除。但这些干扰往往是通过连接导线由端子串入远动系统的,因此可从两方面抑制干扰源的影响。

1. 屏蔽措施

① 一次设备与远动系统输入、输出的连接采用带有金属外皮(屏蔽层)的控制电缆,电缆的屏蔽层两端接地,对电场耦合和磁耦合都有显著的削弱作用。

② 二次设备内,远动装置所采用的各类中间互感器的一、二次绕组之间加设屏蔽层,这样可起电场屏蔽作用,防止高频干扰信号通过分布电容进入远动系统的相应部件。

③ 机箱或机柜的输入端子上对地接一耐高压的小电容,可抑制外部高频干扰。由于干扰都是通过端子串入的,当高频干扰到达端子时,通过电容对地短路,避免了高频干扰进入远动系统内部。

④ 远动系统的机柜和机箱采用铁质材料,本身也是一种屏蔽。

2. 减少强电回路的感应耦合

为了减少远动系统以外由一次设备带来的感应耦合,可采用以下办法。

① 控制电缆尽可能离开高压母线和暂态电流的入地点,并尽可能减少平行长度。高压母线往往是强烈的干扰源,因此增加控制电缆和高压母线间的距离,是减少电磁耦合的有效措施。避雷器和避雷针的接地点,电容式电压互感器、耦合电容器等是高频暂态电流的入地点。控制电缆要尽可能离开它们,以便减少感应耦合。

② 电流互感器回路的 A、B、C 相线和中性线应在同一根电缆内,避免出现环路。

③ 电流和电压互感器的二次交流回路电缆,从高压设备引出至监控和保护安装处时,应尽量靠近接地体,减少进入这些回路的高频瞬变漏磁通。

5.1.2.2　接地和减少共阻抗耦合

接地是铁路供电系统一、二次设备电磁兼容的重要措施之一,也是远动系统抑制干扰的主要方法。把接地和屏蔽很好地结合起来,可以解决大部分干扰问题。

地球是导体而且体积非常大，因而其静电容量也很大，电位比较稳定，因此人们把它的电位作为基准电位，也即零电位。而当雷雨云集结，并靠近地面时，由于正、负电荷相吸，也会使地面上部分地区的电位产生变化；计算机及其他电子设备工作时，接地电位的变化，是产生干扰的最大原因之一。

1. 一次系统接地

一次系统接地是以防雷、保安（系统中性点接地）为目的，但它对二次回路的电磁兼容有重要的影响。如果接地合适，可以减少开关场内的高频瞬变电压幅值，特别是减少地网中各点的瞬变电位差，抑制地网中的瞬变电位升高，这对二次设备的电磁兼容很有好处。

处理一次系统接地时，应注意对于引入瞬变大电流的地方应设多根接地线并加密接地网，以降低瞬变电流引起的地电位升高和地网各点电位差。例如：a. 设备接地线要接于地网导体交叉处；b. 设备接地处要增加接地网络互连线；c. 避雷针、避雷器接地点应采用两根以上的接地线和加密接地网络。

2. 二次系统接地

二次系统接地分安全接地（保护接地）和工作接地两大类。

① 安全接地。安全接地主要是为了避免工作人员因设备绝缘损坏或绝缘降低而遭受触电危险，同时保证设备的安全。安全接地是将远动系统的各机柜和机箱设备的外壳接地，以防电击或静电放电。安全接地的接地网通常就是一次设备的接地网。接地线要尽量短和可靠，以降低可能出现的瞬变过电压。

② 工作接地。工作接地是为了给电子设备或微机控制系统或保护装置一个电位基准，保证其可靠运行，防止地环流引起的干扰。接地线还可作为各级电路之间信号传输的返回通路。从电磁兼容的角度，对工作接地的要求是：a. 工作接地网（总线）各点电位应一致；b. 多个电路共用接地线时，其阻抗应尽量小；c. 由多个电子器件组成的系统，各电子器件的工作接地应连在一起，通过一点与安全接地网相连。

采用以上措施的目的是为了降低多个电路共用地线阻抗所产生的噪声电压,避免产生不必要的地环路,或不同接地点之间电位差。

3. 远动系统的工作接地

正确的工作接地对远动系统安全可靠的工作来说关系重大,而且必须根据实际情况灵活处理。

(1)地线种类

① 微机电源地和数字地(即逻辑地),这种地是微机直流电源和逻辑开关网络的零电位。

② 模拟地,这是 A/D 转换器和前置放大器或比较器的零电位。

③ 信号地,这种地通常为传感器的地。

④ 噪声地,继电器、电动机等噪声地。

⑤ 屏蔽地,即机壳接地。

对这些不同的地线应如何处理? 是浮地还是共地? 是一点接地还是多点接地? 是分散接地还是集中接地等问题,都是远动系统设计、安装、调试过程中需认真考虑的问题。

(2)微机电源地(0V)和数字地的处理

电磁干扰可能进入远动系统弱电部分的主要途径是通过微机电源。因为电源与干扰源的联系比较紧密,同时电源线直接连接至各部分,包括 CPU 部分,因此来自电源的干扰很容易引起死机。如何处理微机电源的地线问题,一直是人们关心的问题。下面对浮地和共地、一点共地和多点共地等几种接地方式进行分析。

① 微机电源地采用浮地的方法。微机电源地和数字地采用浮地方法是指微机电源的零线不与机壳相连。由于干扰造成的流过电源的浪涌电流可大大减少,从而增加了抗共模干扰的能力,可明显地提高系统的安全性、可靠性。这种方法的关键是必须保证尽量减小微机电源地对机壳的耦合。可以采用的方法有:a. 微机系统的印刷电路板周围都用电源线封闭起来,这样可以隔离印刷板上的电路与机壳的耦合;b. 印刷电路板上电路的要害部分不要走长线,特别不要引至面板;c. 尽量减少地线长度,在允许的情况下尽量加粗线径,同时,印刷电路板上的支线、干线和总线

应根据电流大小按比例加粗;d. 印刷板中的地线应成网状,并且电源地与机壳的绝缘电阻应大于 50MΩ。

② 微机电源地与机壳共地。针对微机电源地采用浮地方式存在的缺点,有另一种观点认为,"浮地"或不良接地不仅破坏了接地系统的完整性,而且可能成为一个干扰分配系统。因此,对含有模/数转换和高增益放大器的微机装置,宜采用微机电源地与机壳和大地共地的接地方式。这种共地方式可切除放大器正反馈通道,并可消除通过分布电容间导线耦合的低频干扰的影响。

电源地与机壳共地存在的主要问题是,电源零线与机壳接地线间总有一定的阻抗,很难避免浪涌电流流过电源线对微机系统造成干扰的情况,而且这种干扰容易造成微机系统工作紊乱,甚至死机。

③ 一点接地和多点接地问题。对微机电源地或数字地的接地方式,一般认为:高频电路(10MHz 以上)宜采用多点接地;而低频电路(1MHz 以下)常采用一点接地。对于 1～10MHz 的系统,接地导体的长度小于干扰波长 1/20 的,则采用一点接地为好;接地导体的长度大于干扰波长 1/20 的,则采用多点接地。远动系统属低频系统,应尽量采用一点接地。因为在低频电路中,布线和元件间的电感并不是什么大的问题,但是接地电路若形成环路,则对干扰影响大。采用一点接地,对避免地线形成环流有利。

远动系统中的各单元都由多块插件组成,各插件板之间应遵循一点接地的原则。

(3)数字地和模拟地的处理

由于 A/D 转换器的数字地通常和电源地是共地连接,实践证明,数字地上电平的跳跃会造成很大的尖峰干扰,会影响 A/D 转换器的模拟地电平的波动,影响转换结果的精度。为了解决此问题,对数字地和模拟地间的关系有如下两种处理方式。

① 数字地和模拟地共地,模拟地的电平随数字地电平同时波动,有利于保证 A/D 转换的精度;另外,有些 A/D 转换器芯片内部的数字地和模拟地就没有分开,其引脚上只出现一个公共的地,因此其连

接方式显然只有上述这种共地方式。

对于一些精度比较高的 A/D 转换器芯片,厂家在出厂时,提供了分开的数字量(电源地)和模拟地两个引脚,这就使得有可能用多种方法处理两种地的关系。一种是上述数地和模地共地的连接方法,另两种方法将在下面介绍。

② 模拟地浮空的接线方式。这种连接方式的特点是将模拟地和信号地连在一起,然后浮空,不与数字地连在一起。

③ 模拟地和数字地通过一对反相二极管相连接。这种接线方式使模拟地和数字地有所隔离,而又使模拟地对数字地的电位漂移被二极管所钳制,其连接方法如图 5-1-2 所示。实践证明,这种连接方式对保证 A/D 转换精度也较为有利。

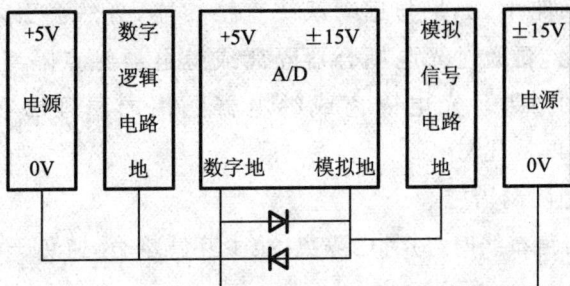

图 5-1-2　模拟地与数字地通过二极管连接

(4)噪声地的处理

对于继电器或电动机等回路的噪声地,采用独立地的方式,不要与模拟地和数字地合在一起。

以上几种接地方式,在实际应用中,并不是简单地采用某一种接地方式,而往往是根据地线分流的原则,综合运用上述几种接地方式。地线分流的原则是:强、弱信号分开;信号、噪声分开;走线时,模、数分开。

5.1.2.3　隔离措施

采取良好的隔离和接地措施,可以减小干扰传导侵入。在远动系统中,行之有效的隔离措施有以下几种。

1. 模拟量的隔离

远动系统、微机保护装置以及其他自动装置所采集的模拟量，大多数都来自一次系统的电压互感器和电流互感器，它们均处于强电回路中，不能直接输入至自动化系统，必须经过设置在自动化系统各种交流输入回路中的隔离变压器(常称小电压互感器 TV 和小电流互感器 TA)隔离，这些隔离变压器一、二次之间必须有屏蔽层，而且屏蔽层必须接安全地，才能起到比较好的屏蔽效果。

2. 开关量输入、输出的隔离

远动系统开关量的输入主要是断路器、隔离开关的辅助触点和主变压器分接头位置等。开关量的输出，大多数也是对断路器、隔离开关和主变压器分接开关的控制。这些断路器和隔离开关都处于强电回路中，如果与远动系统直接相连，必然会引入强的电磁干扰。因此，要通过光电耦合器隔离或继电器触点隔离，这样会取得比较好的效果。光电隔离或继电器隔离的原理已在第 1 章说明，这里不再赘述。

3. 其他隔离措施

二次回路布线时，应考虑隔离，减少互感耦合，避免干扰由互感耦合侵入。

① 强、弱信号电缆的隔离。强、弱信号不应使用同一根电缆；信号电缆应尽可能避开电力电缆；尽量增大与电力电缆的距离，并尽量减少其平行长度。

② 二次设备配线时，应注意避免各回路的相互感应。

③ 印刷电路板上的布线要注意避免互感。

5.1.2.4　滤波

滤波是抑制远动系统模拟量输入通道传导干扰的主要手段之一。模拟量输入通道受到的干扰有差模干扰(也称常态干扰)和共模干扰(也称共态干扰)两种。对于串入信号回路的差模干扰，采用滤波的方法可以有效地滤除。因此，各模拟量输入回路都需要先经过一个滤波器，以防止频率混叠。滤波器能很好地吸收差模浪涌。

如果差模干扰信号 U_{nm} 的频率比被测信号 U_s 的频率高,则采用低通滤波器来抑制高频差模干扰;若 U_{nm} 的频率比 U_s 的频率低,则采用高通滤波器;若干扰信号 U_{nm} 的频率落在 U_s 频率的两侧,则采用带通滤波器。

1. 对抗电磁干扰滤波器的要求

① 在阻带范围内,要具有足够高的衰减量,将传导干扰电平降低到规定的范围内。

② 对传输的有用信号的损耗,应降低到最低程度。

③ 电源滤波器对电源工作电流的损耗应降到最低程度。

2. 滤波器的种类及作用

常用的滤波器有以下几种:

① 电容滤波器。最简单的低通滤波器有旁路电容器,利用电容器的频率特性,使高频干扰旁路掉。在远动系统的交流输入回路中,小电压互感器和小电流互感器的输入端子上和印刷电路板上常采用这种电容滤波器。电容式滤波器接在线间,对抑制差模干扰有效;接在线-地之间,对消除共模干扰有效。

② 电感滤波器。电感滤波器常称扼流圈,按其作用分差模扼流圈和共模扼流圈两种。差模扼流圈串接在电路中,用于扼制高频噪声;共模扼流圈有两个线圈,当出现共模噪声时,两线圈产生的磁通方向相同,通过耦合使电感加倍,起到很强的抑制作用。但是,共模扼流圈对差模噪声基本上不起抑制作用。

③ R-C 滤波器。R-C 滤波器是最常采用的滤波器。在交流采样的小电压互感器和小电流互感器的二次侧采用 R-C 滤波,如图 5-1-3 所示,可以滤去高频干扰信号。

对于电磁干扰严重的环境,可采用电容和非线性电阻组成的并联浪涌吸收器,以抑制暂态干扰。这种浪涌吸收器能有效地抑制共模和差模暂态干扰。因此,常用在远动系统的交流输入回路的小电压互感器和小电流互感器的二次侧,以及直流电源的入口处。

电容器的电容量一般可取 $0.5\mu F$ 以下;非线性元件一般可用碳化

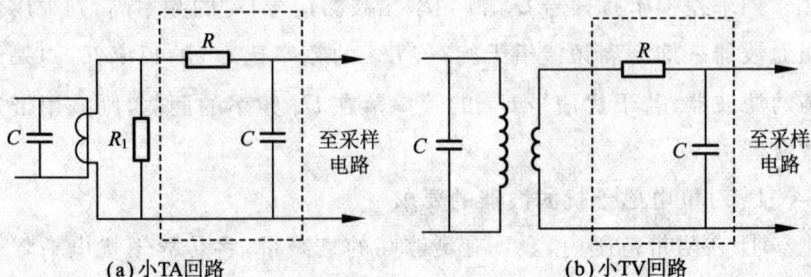

(a)小TA回路　　　　　　(b)小TV回路

图 5-1-3　交流输入回路的 R-C 滤波电路

硅 SiC 或氧化锌 ZnO、放电管等；理想的非线性电阻应具有热容量大、响应快、电容电流及泄漏电流小、启动电压低和非线性特性好等特点。

3. 抑制共模干扰的方法

上述在模拟量信号回路加滤波器的措施，多数对抑制差模干扰比较有效。对于共模干扰可采用双端对称输入，抑制共模干扰。图5-1-4是一个双端输入的采样回路。

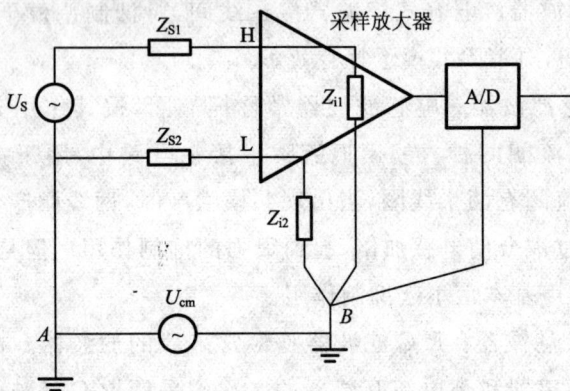

图 5-1-4　双端输入采样回路示意图

U_s—被采样信号；Z_{s1}、Z_{s2}—信号源传输线总阻抗；Z_{i1}、Z_{i2}—分别为输入高端 H 和低端 L 对 B 的阻抗；U_{cm}—共模干扰信号

U_{cm}通过传输线等阻抗形成的回路电压：

高端：$U_{cmH} = Z_{i1} U_{cm}/(Z_{s1} + Z_{i1})$；

低端：$U_{cmL}=\dfrac{Z_{i2}U_{cm}}{Z_{s2}Z_{i2}}$

采样开关和放大器输入端的干扰电压：

$$U'_{cm}=U_{cmH}-U_{cmL}=\left(\dfrac{Z_{i1}}{Z_{s1}+Z_{i1}}-\dfrac{Z_{i2}}{Z_{s2}+Z_{i2}}\right)U_{cm}$$

如果传输线的 $Z_{s1}=Z_{s2}$，而且 $Z_{i1}=Z_{i2}$，则 $U'_{cm}=0$，即干扰被抑制。但实际很难实现 Z_{s1} 和 Z_{s2}、Z_{i1} 和 Z_{i2} 分别完全相等，实际应用中应使它们尽量接近。

为了使 Z_{s1} 和 Z_{s2} 尽量接近，有效的办法是尽量缩短信号线长度，并采用双绞屏蔽线。双绞屏蔽线两线长度基本相同，对屏蔽层的分布电容也基本相同，不仅可使 Z_{s1} 和 Z_{s2} 很接近，而且沿线上的干扰电流互相抵消，因此对抑制共模干扰和差模干扰都有效果。

如果输入信号为电流型信号（0～10mA 或 4～20mA），双绞线屏蔽层在接收端接保护地，则抑制干扰的效果更好。

5.2　常见故障的分析与处理

5.2.1　主控站

对于主控站设备，常见的故障主要有以下几种：

1. 主控站与被控站通信故障

对于 Polling 方式通信规约，主控站发送数次（一般为 3 次）报文，子站若没有应答或应答错误，即认为通信失败。此时应分段检查各部分设备是否正常，首先检查主控站报文发送是否正常，若没有报文发送，说明是主控站问题；若报文发送正常，而被控站没有回应，则说明主控站设备正常，故障可能在通道或被控站设备上；对于采用串口连接的通道，可将被控站设备甩掉，将通道直接做环路，判断主控站发送的报文是否可以返回主控站，从而判断通道是否正常，也可利用通信测试仪表来判断；当通道判断正常后，被控站智能监控装置就是通信故障的故障点。

2. 主控站遥控无法下达

此时首先判断通信和被控站智能监控装置是否正常,可先利用试验遥控进行判断,若试验遥控正常,则主控站设备、通信和被控站智能监控装置的遥控回路正常;再分段判断是开关的问题还是控制电缆的问题,可采用分段封接点的方法,将故障范围缩小。

3. 遥测没有或不准确

现场实际测量(使用标准表),确定实际值。检查主控站设定的变比是否正确;检查采样输出是否正确;检查压互、流互的精度是否满足要求等。

4. 遥信显示不正确

检查主控站的对象点表配置是否正确;检查主控站是否收到了遥信;检查开关的辅助接点是否到位。可采用分段封遥信的方法进行判断。对于综合自动化系统也可以用调度主站后台和当地后台信息核对的方法进行判断。

5. 主站服务器或工作站与系统不同步

先检查网线连接是否紧密;对不同步的机器进行重新启动;检查机器的通信程序是否运行等。

6. 系统时钟不正确

检查 GPS 运行是否正常;检查系统对时程序运行是否正常。

7. 打印机无法打印

检查打印机本身是否正常;检查网络连接是否正确;检查打印驱动安装是否正确。

8. 报警音响没有输出

检查音响是否良好;检查音响连接是否正确;检查机器中音响的配置情况。

5.2.2 被控站

1. 通信故障

当确认为是监控装置原因造成的通信故障时,可现场检查装置的通信设备(如调制解调器和通信转接口)的电源情况及工作情况;当通信设备正常时,应检查装置本身,检查电源是否正常;装置无电源或电源异常时,可逐级检查电源,以确定故障点;装置电源正常的情况下,可通过测试口利用便携式电脑的测试程序对装置进行通信检查和设备参数检查,当是新更换的主控板时一定要注意通信地址和通信速率的选择。

2. 遥信显示不正确

当现场测试程序监测到的遥信与显示不一致时(主要是现场为状态合,显示状态为分),首先通过在监控装置的遥信输入端对该遥信进行短封(常开引入)或断开(常闭引入)来判断是装置故障还是输入端子之前的设备问题;当确定为监控装置故障时,则应检查遥信的电源是否正常,不正常时要更换(一般为直流 110V 或 48V 或 24V);电源正常情况时,检查遥信采集板;当确定非监控装置故障时,可到该遥信采集的开关处的遥信输出端子排上对该遥信进行短封(常开引入)或断开(常闭引入)处理,若遥信有变化则可排除控制电缆故障,否则为控制电缆故障;当判断为开关处遥信输出端子至开关辅助接点故障时,再逐级排查,必要时对辅助接点进行更换。

对于综合自动化系统应首先检查遥信所在模块与当地的监控后台以及通信管理机的通信是否正常,并检查当地监控后台的显示情况。

3. 遥控无法控制开关故障

当确定为监控装置原因造成的遥控无法执行时,先检查遥控板的电源情况,电源正常可检查遥控板的工作情况,若没有一级遥控输出,应更换遥控板,确认遥控有输出后,再检查遥控的出口继电器是否损坏,若损坏则更换;当确认非监控装置原因时,对被控开关进行当地控制,若当地能控制则检查控制电缆,若当地无法控制,则检查控制回路相应元器件,必要时进行更换处理。

对于综合自动化系统应首先检查遥控对象所在模块与当地的监控后台以及通信管理机通信是否正常,并检查当地监控后台的遥控的执行情况。

4.遥测显示不准确

在确认主控站设置变比正确后,现场检查流互、压互是否损坏,必要时更换流互和压互,对精度进行校准;检查电流采样回路是否连接正确、接续紧密,检查电压采样回路保险及接续;当有功功率为负值或者有功功率为 0 时,应检查电压、电流线的方向是否接反。

对于综合自动化系统应首先检查遥测所在模块与当地的监控后台以及通信管理机的通信是否正常,并检查当地监控后台的显示情况。

5.监控装置与主控站的对时问题

当监控装置的时钟与主控站的时钟不同时,根据对时方式的不同进行不同的处理。当采用当地 GPS 对时,应检查 GPS 设备运行情况,分别检查 GPS 装置与卫星的通信以及 GPS 装置与监控装置主 CPU 的通信是否正常;当采用主控站软件对时时,应检查主控站对时命令是否下发,子站是否接收到对时命令并修改了当地时钟。

6.测控单元与通信机通信不通故障

当发现测控单元与通信机不通信时,应检查测控单元的地址是否正确(若为既有所,只有在更换测控单元时可能存在此问题),不正确时重新进行设置;检查通信连线接触是否良好;检查测控单元本身是否存在问题,若有进行维修或更换;检查通信机通信口是否损坏,必要时更换。

附录

附录 A　铁路供电远动系统常用术语解释

系统：通过执行规定功能来实现某一给定目标的一些相互关联单元的组合。

控制：在系统中，为某一特定目的而执行的操作。在变配电所中控制包括：断路器、隔离开关的操作，变压器分接头的调节、保护定值修改，特殊控制等。

监控：通过对系统或设备进行连续或定期的监测来核实功能是否被正确执行，并使它们的工作状况适应于变化的运行要求。

信息：人们根据表示数据所用的约定而赋予数据的意义。

信息容量：调度中心、主站或子站可处理的各种远动信息的总和。

状态信息：双态或多态运行设备所处状态的信息。

监视信息：传送到主站的子站设备的状态或状态变化的信息。

事件信息：有关运行设备状态变化的监视信息。

遥信：指对状态信息的远程监视。

遥信信息：指供电系统中主要的断路器和隔离开关的位置状态信号，重要继电保护与自动装置的动作信号，以及一些运行状态信号等。

遥控：指具有两个确定状态的运行设备进行的远程操作。

遥控信息：指通过远程指令遥控供电系统中的各级电压回路的断路器、投切补偿装置、调节主变压器分头、自动装置的投入和退出等。

通信：在信息源和受信者之间交换信息。

串行通信：两台设备之间（或称点对点之间）通过单一通道串行传输信息的一种方式。

并行通信：两台设备之间（或称点对点之间）通过多个通道并行传输信息的一种方式。

光纤通信：在光导纤维中传送信息的一种有线通信方式。

告警:当发生某些不正常状态,需提醒人们注意而使用的信息。

遥测:指运用通信技术传输所测变量之值。

遥调:指对具有不少于两个设定值的运行设备进行的远程操作。

遥视:指运用通信技术对远方的运行设备状态进行远程监视。

遥脉:指运用通信技术对远方的运行设备的脉冲量(如电能量)进行远程累计。

监视:用比较的方法对系统或其某一部分的运行进行观察。在综合自动化系统中指通过彩色显示器(大屏幕)上调看主接线图、系统图、表格等,查看变配电所运行实时数据、设备状态、事件记录等。

报文:以一帧或多帧组成的信息传输单元。

远动系统:对广阔地区的生产过程进行监视和控制的系统。

远程命令:应用通信技术,完成改变运行设备状态的命令。

通道:在数据传输中,传输信号的单一通路或其中一段频带。

远方控制端:指设置在与无人值班变配电所相关的调度机构或某中心变配电所或一个独立的集中控制中心的远方控制装置。

远方监控终端:指设置在被监控变配电所内的远方监控装置,包括信息采集、处理、发送,命令接收、输出和执行的设备。

主站,控制站:对子站实现远程监控的站。

子站,被控站:受主站监视和控制的站。

远方终端(RTU):指在微机远动装置构成的远动系统中,装在变配电所内的远方数据"终端"装置。在变配电所综合自动化系统中是指由主站监控的子站,按规约完成远动数据采集、处理、发送、接收以及输出执行等功能的设备。

馈线远方终端:安装在配电网馈线回路的柱上联和开关柜等处,并具有遥信、遥测、遥控和故障电流检测(或利用故障指示器检测故障)等功能的远方终端,称为馈线终端设备(FTU);安装在配电网馈线回路的开闭所和配电所等处,具有遥信、遥测、遥控和故障电流检测(或利用故障指示器检测故障)等功能的远方终端,称为开闭所终端设备(DTU)。

配电变压器远方终端(TTU):用于配电变压器的各种运行参数的监视、测量的远方终端。

前置机:对进站或出站的数据,完成缓冲处理和通信控制功能的处理机。

后台机:对本站设备的数据进行采集及处理,完成监视、控制、操作、统计、报表、管理、打印、维护等功能的处理机。

调制解调器:对远动设备所传送的信号进行调制和解调的设备。

实时数据:指在线运行时实时记录和监视的物理量。

历史数据:指在线运行时按规定的间隔或时间点记录的物理量。在变配电所中历史数据是指按指定时间间隔或特殊要求保存下来的运行实时数据、各记录和报表、曲线等。

运行实时参数:指为监测和控制所内设备运行所需的各种实时数据。

设备运行状态:指各馈线断路器、隔离开关的实际运行状态(合闸、分闸);主变压器分头实际位置、主变压器状态,压力、气体继电器是否报警;保护运行状态;被监控变配电所系统状态;监控系统运行状态等。

事件记录:指记录铁路供电系统运行过程中计算机监测的各种越限、异常、报警、断路器变位、设备状态变化以及通过计算机系统执行的各种控制操作事件。

事件顺序记录(SOE):特指在电网发生事故时,以比较高的时间精度记录的下列一些数据:发生位置变化的各断路器的编号(包括变配电所名)、变位时刻,动作保护名、故障参数、保护动作时刻等。

报警:铁路供电系统运行参数越限,断路器变位或保护动作时,计算机将弹出窗口(登录窗)显示事件内容并进行报警,报警类型分为:不报警、普通报警、预告报警、事故报警等。

不报警:正常拉合闸或人工禁止报警,遥信画面闪烁,遥测数值变色。

普通报警、预告报警、事故报警:可根据用户要求进行不同声音区分。

双机切换:指在双机(主副机)配置的情况下,当主机(值班机)发生故障时,副机也可自动切换为主机,主机切换为副机。

通道监视及切换:指计算机系统通过通信控制器,统计与被控站测控装置、保护或其他变电站自动化系统、电网调度自动化系统通信过程中接收数据错误和长时间无应答的情况。根据通道监视情况,系统可以告警或采取相应控制措施。如果通道配置有冗余,即某子站有双通道的情况下,当一个通道故障时,系统可自动转到另一个通道上进行通信。

数值量:能反映数据断续变化的量,如断路器、隔离开关分/合,保护动作等。

模拟量:能反映数据连续变化的量,通常可以反映到的小数点后的变化。在线运行时可反映的物理量有电压、电流、温度、功率、频率等。

模拟信号:以连续变量形式出现的信号。

数字信号:在数字和时间上均是断续的信号。

脉冲量:反映累计变化的量,物理上对应的是有功功率、无功功率等。

配置文件:配置文件用来规定一些程序在启动时读入设定,给用户提供了一种修改程序设置的手段。

航海图:在线运行时,每一个图都有设置航海图的功能,若当前图太大,可以通过缩小了的航海图来寻找位置。

事故追忆:对事件发生前后的运行情况进行记录。

间隔层:由智能 I/O 单元、控制单元、控制网络和保护等构成,面向单元设备的就地控制层。

站控层:由主机和操作员站、工程师站、远动接口设备等构成,面向全变电站进行运行管理的中心控制层。

数据采集:将现场的各种电气量及状态信号转换成数字信号,并存入计算机系统。

数据采集与监控系统(SCADA):对广域生产过程进行数据采集、

监视和控制的系统。

数据处理：对相关设备的各种数据进行系统化操作，用于支持系统完成监测、保护、控制和记录等功能。

接口：指两个不同系统或实体间的界面或连接设备。由功能特征、通用的物理互连特征、信号特征和其他特征等定义。

规约：在通信网络中，为了保证通信双方能正确、有效、可靠的进行数据传输，在通信的发送和接收过程中有一系列的规定，以约束双方正确、协调地工作。

通信规约：启动和维持通信所必要的严格约定，即必须有一套信息传输顺序、信息格式和信息内容等约定。

远方通信接口：经远方通信网络链路与远方控制中心相连的接口。

以太网：IEC TC57 推荐使用的变电站通信网络，局域网的一种。

同步传输：一种数据传输方式，代表每比特的信号出现时间与固定时基合拍。

异步传输：一种数据传输方式，每个字符或字符组可在任意时刻开始传输。

广播命令：向远动网络的部分或全部子站同时发出的命令。

地址：报文的部分，用以识别报文来源或报文目的地。

电磁骚扰：使器件、设备或系统性能降低的任何电磁现象。

电磁干扰（EMI）：由电磁骚扰所引起的设备、传输通道或系统性能的降低。

抗扰性：器件、设备或系统在电磁骚扰存在时，不降低性能运行的能力。

电磁兼容性（EMC）：设备或系统在其所处的电磁环境中正常工作，并要求不对该环境中其他设备造成不可承受的电磁骚扰的能力。

无人值班变配电所：所内不设置固定运行、维护值班人员，运行监测、主要控制操作由远方控制端进行，设备采取定期巡视维护的变配电所。

工厂验收测试：包括用户认可的、使用特定应用的参数，特别制造的远动系统或远动系统部件的功能测试。

现场验收测试：是对远动系统的每一个数据、每个控制点、功能的正确性进行验证。还包括对远动系统与其周围运行环境条件测试，使用最终参数对全部安装的设备的测试。现场验收测试为远动系统做运行准备。

附录 B 彩色图示

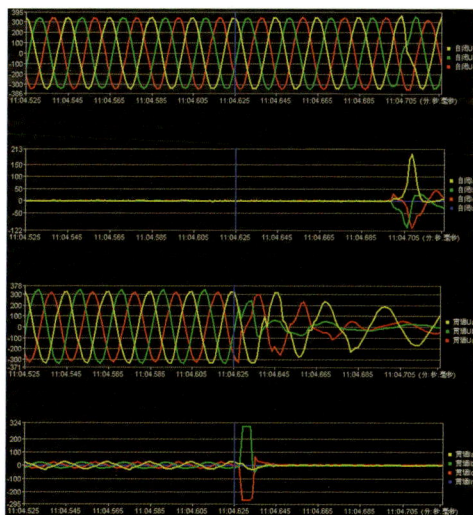

图 2-4-4 低压开关跳闸录波图

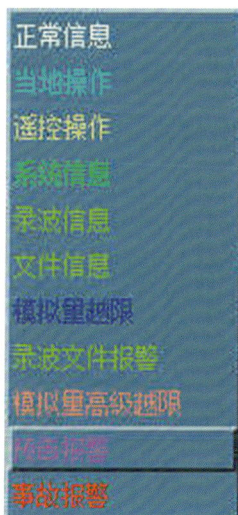

图 3-1-16 "严重等级过滤器"菜单

图 3-1-27 历史画面

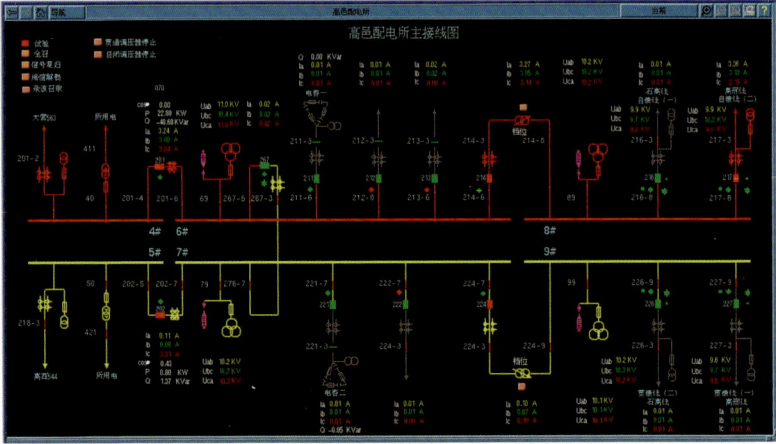

图 3-1-39　配电室主接线画面

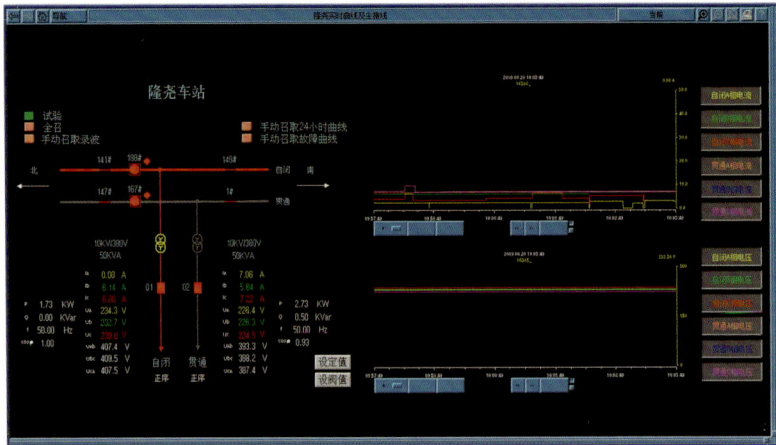

图 3-1-40　FTU 主接线画面

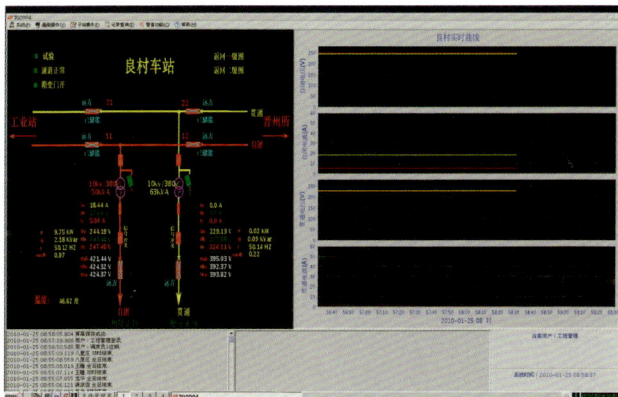

图 3-2-12　三级图示例

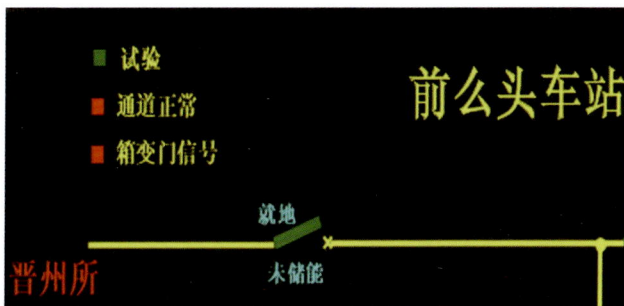

图 3-2-13　试验继电器变位前的画面

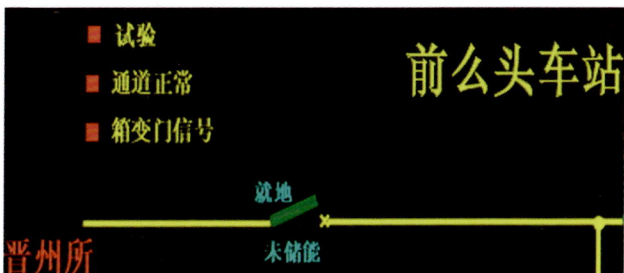

图 3-2-14　试验继电器变位后的画面

参 考 文 献

［1］黑龙江省电力调度中心. 变电所自动化实用技术及应用指南. 北京：中国电力出版社,2004.

［2］《变电站综合自动化原理与运行》编写组. 变电站综合自动化原理与运行［M］. 北京：中国电力出版社,2008.

［3］王远璋. 变电站综合自动化现场技术与运行维护［M］. 北京：中国电力出版社,2004.

［4］刘景龙. 计算机综合教程［M］. 广州：中山大学出版社,2003.

［5］李敏. 远动技术基础［M］. 北京：中国铁道出版社,1999.